古代寺院の食を再現する

西大寺では何を食べていたのか

三舟隆之
馬場 基 ［編］

吉川弘文館

は じ め に

　先に刊行した，『古代の食を再現する』では，あれやこれやの古代食研究を
かき集めて，正倉院文書・造東大寺司写経所を中心にしながら，古代食の再現
研究を試みた。文献史学・考古学・栄養学・調理学，衛生学や分析化学の越境
的共同研究と，再現実験の数々——多くの失敗を重ねながらの——は，幸いに
して好評をもって迎えていただけた。

　こうなれば二匹目のドジョウを狙おうというのが人情で，本書となったと言
いたいところなのだが，実は，本書の研究内容の中心となる西大寺食堂院の調
査成果は，奈良文化財研究所の面々の間では，以前から注目されていた。た
だ，それぞれの研究員の研究は，それぞれの個別研究にとどまる傾向にあっ
た。そして，成果の共有と共同研究への意気込みは，宴席の肴には重宝される
ものの，お開きの後はどこへともなく消え去ってしまうことが常となっていた。

　それを，大きな研究に展開させるには，何らかのきっかけと，大きな原動力
が必須だった。そして，三舟隆之氏が登場した。

　前回の共同研究で，格調高く導いてくれた小倉慈司氏や，すっかり意気投合
した東京医療保健大学を中心とした栄養学や調理学・衛生学などの先生方を引
き連れ，相も変らぬ情熱と七転び八起きの精神を——加えて研究資金を——携
えての三舟氏の登場が，あと一歩を踏み出せないでいた奈文研メンバーの背中
を押したのである。

　なぜ，本書の研究内容が注目されていて，かつなかなか踏み出せなかったの
か。まずは，注目の理由を述べたい。

　今回は，西大寺食堂院の調査成果が焦点だ。西大寺は，南都七大寺に数えら
れる大寺院である。平城京で最後に造営された官寺・勅願寺であり，平城京仏
教の一つの集大成ともいえるだろう。西大寺の寺院としての意義と重要性は，
本書中の佐伯俊源氏の論考に詳しい。

　南都の諸寺，あるいはすこし広げて古代寺院の調査では，金堂や金堂院・講
堂や塔の事例が中心だ。僧侶の生活に近い僧房や食堂などの調査事例はこれよ
りは少ない。さらに，食堂を支える諸施設の調査となると，さらに少ない。西
大寺食堂院は，『西大寺資財流記帳』などの記載と，発掘調査成果によって，

1

食堂のみならず，それを支える施設群の配置や大きさや変遷が明らかになっている稀有な事例である。

　しかも，主要な建物に関する情報のような「いつもの重要な成果」のほか，いくつもの「ひりりと辛い」ような，エッジの利いた成果が得られた。

　敷地東端の建物では，据え甕列が発見された。その利用目的も含め，非常に注目される。また，平城京内でも最大級の巨大な井戸も発見され，それを埋め立てる土の中からは，投棄された大量の遺物が出土した。井戸の埋め戻しの土の中，ということは，いちどきに捨てられたものだから，「ある瞬間に西大寺食堂院にたまっていたゴミセット」と評価できる。周辺部からも膨大な遺物が出土しているが，西大寺食堂院が「院」という周囲を塀で囲まれた閉鎖空間だったことや，食堂院の変遷も考えると，これらの出土遺物も含めてやはり「ある瞬間に西大寺食堂院にたまっていたゴミセット」といえそうである。

　つまり，われわれは，七大寺の一角を占める，平城京最後の大寺院である西大寺の，食を支える空間で，「ある瞬間に「ゴミ」としてたまっていた一式」と，「食材の管理に直接かかわりそうな装置」に出会ったのだ。平城京の僧侶の食生活，寺院の活動の実態を，立体的に研究できるまたとない素材である。

　同時に，その情報量の豊富さと，多様性が，踏み出せない理由でもあった。例えば，井戸の埋め土から見つかった遺物には，木簡や植物の種，はては骨まで含まれる。どういうものが見つかっているか，を探すだけで相当の労力を要するうえに，この多様な内容をどのように考えるのか。遺物相互の関係をどう説明するのか。井戸周辺でも，これまでみたこともないほどの量の製塩土器が見つかる。ここは寺院であって，塩屋さんではないのに。甕列だって，漠然と「醸造関係（かなあ）」と考えていたものの，果たしてそれでよいのか。改めて考えると，問題も少なくない。

　共同研究，というのは，口で言うほど簡単ではない。本書でも明らかになるように，それぞれの遺物を「通常の」見方で分析していった場合の結論が，相互に矛盾することも多々ある。そこで「新しい」視点が必要となってくるのである。だが，新しい視点から総合的に分析・検討を進めるためには，かなりのエネルギーがいる。このエネルギーの源を，もらったわけである。それぞれの視点から，平城京末期の僧侶たちの姿に近づこうと，必死に――ただし，必死

2

に楽しんで，である——研究を積み重ねた。

　そしてその結晶が，本書だ。

　さて，新しい視点は，研究成果相互の矛盾の解消を通じて，「そこにない物」への気づきももたらしてくれる。いかに，西大寺食堂院の調査成果が膨大で充実していたとしても，はたして当時の寺院活動のすべてが反映されているかというと，おそらくそうではない。一方，われわれは見つかったものをもとに研究を進めるわけで，「見つからなかったもの」については慎重にならざるを得ない。

　だが，本書が明らかにしてくれているように，徹底的な分析成果を，ほかの事例や情報と比較することで，「ない物」が浮き彫りになってくる。寺院での日常的な食生活の姿の想定は，食堂院の出土遺物の「クセ」を考える鍵になる。土器に残った痕跡は，まだまだ検討の余地があることが明かされて，道のりの遠さに気づかされる。「飯」への問いを突き詰めていくと，炊飯方法のより深い分析につながる。それぞれの研究を持ち寄って，容赦なくぶつけ合うことが，「通説」を乗り越えていく原動力となっているダイナミズムも，ぜひ味わっていただきたいと思う。

　そして，再現実験である。例によって，どちらかというと「うまくいかない方法」の発見が目立つが，実験の経過によって着実に研究が進んでいる姿も描き出されている。まずは，やってみなければわからない。やってみて，課題を整理・抽出することが，研究の，科学の発展の重要なステップである。

　古代食の復原研究は面白くて難しい。面白いから挑戦してしまい，難しいから失敗し，それでも面白いから懲りずにまた挑戦してしまう。

　さて，本書の主役となった西大寺食堂院だが，その遺跡は，開発によってすべて失われている。「中世西大寺」には文化財保護の手が及んでいるが，「古代西大寺」の遺跡は遺跡保存から漏れがちである。本書を契機に，古代西大寺の「食」に加えて，その保護にも関心を持っていただけたら，と念じている。

　　　　　　　　　　　　　　　　　　　　　　馬　場　　基

目　　次

Ⅲ　出土遺物をめぐる再現実験

西大寺の歴史と法燈

佐 伯 俊 源

1　2つのエポック──奈良朝創建と鎌倉復興──

　1260年近くの星霜を積み重ねてきた西大寺の歴史を俯瞰した際に，最も光彩を放つ時期として，①本願 称 徳女帝の勅願によって奈良時代末期に「鎮護国家」の官大寺として建立された古代の創建期と，②中興開山叡尊上人によって鎌倉時代中期に「興法利生」の道場として再建された中世の復興期の2つの時期を挙げることに異論はないであろう。西大寺の歴史的由緒は，古代創建当初の古層の上に，中世再興期の新層が加上されて形成されていると理解するのがオーソドックスな捉え方である。

　特に後者②では，平安時代に創建期以来の大伽藍がいったん衰頽した後に，叡尊上人が志向した密律双修の「真言律」の根本道場として，まったく面目を一新した中世寺院として再生されたのであり，爾来約800年にわたって継承されてきたのは，直接的には中世に再興された真言律の法燈であったといえる。

　現在，境内諸堂で奉祀される諸本尊は，叡尊ゆかりの鎌倉時代の造像がほとんどである。また，境内の堂舎建物については，文亀2年（1502）の兵火により叡尊復興の伽藍の大部分が灰燼に帰してしまい，その後に江戸時代になって再建された堂舎がほとんどであるが，基本的な伽藍配置は叡尊復興のプランを踏襲するものである。

　ここに掲げた図1は現在の西大寺の境内図であり，図2は西大寺に伝わる『西大寺寺中曼荼羅』（重要文化財）である。後者は，弥勒堂（食堂）が焼失した徳治2年（1307）以降，文亀2年以前の，叡尊復興の中世西大寺の景観を描いたものとされるが，両者を比べると，図2に描かれた堂舎がそのまま現代にまで伝存している建物はないが，伽藍配置自体は中世以来のプランが踏襲され

西大寺境内図

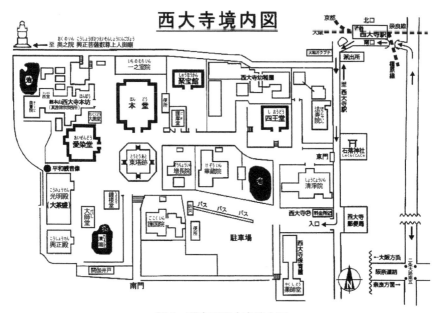

図1　現在の西大寺境内図

図2　西大寺寺中曼荼羅

ていることがわかる。

　以上のような点からも，現代に受けつがれる西大寺の伝統由緒は，直接的には叡尊上人によって復興された中世寺院の姿を基本とするものであることがご領解いただけよう。

　現在の西大寺の二大年中行事である光明真言土砂加持大法会（10月3日〜5日）と大茶盛式（初釜1月16日，春季4月第2土曜・日曜，秋季10月第2日曜）も，その由来は叡尊上人の興行に淵源するものであり，西大寺の有形・無形の法燈は中世復興期の内実を現代に伝承するものといってよかろう。

　逆に言えば，称徳女帝によって創建された当初の古代西大寺の古層の姿（上記の①）は，形としては迅く消失してしまい地中に埋没してしまった。我々は，かろうじて伝存されてきた片々の文物を通じて往時の姿を偲ぶよりほかないのである。

2　創建の由来と伽藍——本願女帝の護国理念——

　そのような状況のなかでも，創建当初の堂塔房舎，仏像などの構成・規模などを記載した『西大寺資財流記帳』（宝亀11年〈780〉勘録，室町期頃の写本）が遺されていることは幸いであり，これを通じて創建の由来と，当初の大寺院の伽藍の全容をある程度うかがい知ることができる。

　既述の通り西大寺は天平神護元年（765）に称徳（孝謙）女帝の勅願により創建された。女帝の父は聖武天皇，母は光明皇后で，父帝が平城京の東郊に大仏を核とする東大寺を創建したのに対し，娘帝は宮西の地に西の大寺を開創した。『資財流記帳』冒頭の「縁起坊地」に次の記述がある。

　　夫れ西大寺は，平城宮に御宇したまう宝字称徳孝謙皇帝，去る天平宝字八年九月十一日，七尺金銅四王像を敬造し，兼ねて彼の寺を建てんことを誓願す。乃ち，天平神護元年を以て件の像を鋳し創め，以て伽藍を開くなり（以上，原漢文）

　『続日本紀』によれば，天平宝字8年（764）9月11日は奈良朝後期の政界を揺るがした藤原仲麻呂の反乱が発覚した日であり，孝謙上皇はまさしくその日に反乱鎮圧を祈願して西大寺の端緒となる四天王像鋳造の誓願を立てられた。

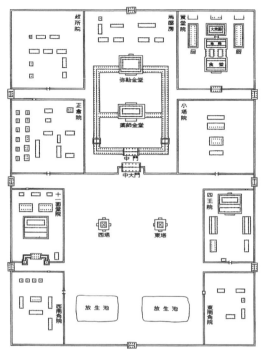

図3　西大寺創建当初伽藍復元案

その翌年に称徳天皇として重祚して以後，鎮護国家の功徳を持つ仏として当時
盛んに信仰されていた四天王を核とする伽藍の開創に本格的に着手された。西
大寺はそうした奈良朝時代の仏教信仰を背景とする護国祈願の寺として出発し
たのである。西大寺の創建が，ほかの寺院が通常は金堂院などの中心伽藍から
着手されるのと異なり，四天王をまつる四王院が先行したことに本願天皇の本
懐が奈辺にあったかが如実に反映されているといえよう。

　資財帳によれば，創建時は平城京右京一条三・四坊の総計31町歩（48 ha）
の敷地に，金堂院（薬師・弥勒の二金堂があり，その南方に東西両塔あり）をはじ
め，十一面堂院，西南角院，東南角院，四王院，小塔院，食堂院，馬屋房，政
所院，正倉院などの区画（中央の金堂院を中心に，東方から時計回りに記載）に
百十数宇の堂舎が甍を列ねていた。図3に創建当初伽藍の復元案を掲げてお
く。⁽³⁾

4

これらの堂舎のなかには，時代を先取りした密教的色彩の強い仏像群や，異国情緒漂う荘厳が多く加えられていたこともうかがえる。また当初，東西両塔はともに八角七重塔として設計されていたが，それも大陸の新しい建築モードを取り入れるとともに，女帝ならではの情熱的な仏教信仰が傾注されていたとみることができよう。

しかし，創建当初の華麗な寺院の姿は，現在は全くといって残っていない。わずかに四天王の足下に踏まれる邪鬼が天平彫刻の片鱗を今に伝えるのみである。平安遷都後は，朝廷の庇護から遠のき，天災による堂舎倒壊も相次ぎ，寺勢は急速に衰退した。その復興は鎌倉時代を待たねばならなかった。

図4　西大寺所蔵　称徳天皇御影
（住吉広保画，江戸中期）

こうした点からすると本願女帝の法燈は早くに断絶したように思われるかもしれないが，後世の復興においても絶えず意識されてきたのは，「本願の再興」であった。

本願女帝の思いは，形を変えつつも寺の法燈に連綿と伏流し続けてきたというべきであろう。寺西方の丘陵には目立たないながら，女帝の別荘跡「称徳山荘」や，女帝の御陵として寺伝のある「高塚」などの称徳女帝とゆかりの深い遺跡が現在も点在している。

3　密教的モードの導入──道鏡禅師の関与──

本願称徳女帝とともに西大寺創建の背後にはもう一人の重要人物がいる。道鏡禅師である。道鏡は河内国弓削郷（現大阪府八尾市）出身で俗姓は弓削氏。弱冠より義淵僧正に師事して法相教学を学ぶ一方，葛城山中で如意輪法などの密教修行を行って呪力を身につけ，梵文（サンスクリット語）にも精通した。

その禅行を認められ看病禅師として宮中の内道場に入り，天平宝字6年，保良宮で孝謙上皇の看病に功あって以降，その寵愛を受けて政界にも進出する。藤原仲麻呂敗死後の天平宝字8年9月に大臣禅師，翌年に太政大臣禅師，さらに翌々年には法王に任命され，奈良朝末期の朝廷に権勢をふるった。

　道鏡が西大寺造営を主導したことを直接に物語る史料はないが，天平神護元年以来，度縁（僧尼の出家証明書）には道鏡印が捺されるようになったとあるように，自らが得度権を掌握して大量の僧侶を生み出した。そうした僧侶を収容し自己の権力基盤を拡げるべくして西大寺のごとき大伽藍を現出せんとしたと考えることは失当ではあるまい。神護景雲3年（769）にはいわゆる宇佐八幡神託事件で皇位就任を企図したが果たさず，翌年の女帝崩御後，下野薬師寺（現栃木県下野市）に左遷され2年後に配地で没した。

　このような道鏡に対する評価は，仏徒でありながら女帝に近づいた淫僧，政治に介入し皇位を簒奪しようとした悪僧としてすこぶる悪い。しかし，それがそのまま道鏡の実像であったかは疑問である。そうしたイメージは後世に作られたものである面が強い。まったくの聖僧とはいえないにせよ，少なくとも学問・禅行の面で類いまれなる能力を持った傑僧であった点は否定できない。特に平安時代の開幕とともに奈良朝の学問仏教の閉鎖性を打破って真言宗を開宗した弘法大師空海などにより，体系的かつ実践的な密教（正純密教，純密）が樹立されることになるが，道鏡はいわばその前提となる奈良朝密教（雑部密教，雑密）の地平を開拓した宗教者であったと評価することができる。

　雑密といえば，十一面観音，如意輪観音，千手観音などを本尊として密教修法により現世利益を追求する変化観音への信仰が大きな柱であるが，創建期の伽藍に，称徳天皇の本願である金光明経に依拠する鎮護国家の理念を体現した四天王を中心に据える四王院と

図5　西大寺所蔵　道鏡禅師坐像
（2020年奉納）

ちょうど東西対称の位置に，陀羅尼集経などに基づく十一面観音を奉祀する十一面堂院が設置されたことは，きわめて示唆的である。四王院が本願天皇の護国理念を掲げた女帝の肝煎りの空間であったのに対し，十一面堂院は，道鏡が主導した雑密信仰とその実践的修行のための道場として現出せしめられた空間であったのではなかろうか。(7)

　いずれにしても，道鏡はいわば落日の爛熟した輝きを放つ奈良宮廷において，仏教への依存が極度に進む時代背景のなかで出現した時代の寵児であった。その存在の善し悪し云々を道鏡個人の資質のみに還元してしまうのは不当な見方ではあるまいか。道鏡の復権をめざして，ここ20年来，「道鏡を知る会」（道鏡出生の八尾が中心。残念ながら2020年解散），「道鏡を守る会」（配地である栃木・東京方面が中心）などの市民グループがさかんに顕彰活動を進められ，2020年には，「道鏡を知る会」の方々が等身大の道鏡禅師像を製作されて西大寺に奉納された。道鏡の存在なくして奈良仏教の伝統は後世に継承発展されなかったことに思いを致し，その顕彰を進めたいと念う。

4　旧境内地の発掘——食堂院発掘を中心に——

　迅く地中に埋没してしまった称徳女帝，道鏡禅師による創建当初の伽藍は，以上のように資財帳などの文献史料を通じて往時の姿をある程度偲ぶことができる。それに加えて，西大寺周辺市街地の再開発が進むなかで，周囲の西大寺旧境内地各所の考古学的な発掘調査がここ半世紀以上の間に断続的に行われ，創建当初伽藍の具体的な様相の一部が明らかにされつつある。

　2000年代に入って以降の近年の主だった成果としては，2009年に奈良市が行った西大寺十一面堂院・西南角院推定地の発掘調査（奈良市，西大寺旧境内地第25次調査）により，東西溝遺構から石上宅嗣の官職・位階を記した木簡をはじめ約2,000点の木簡（削屑含む）や，「皇甫東長」銘の墨書土器，また西アジアで製作・舶来したと推定されるイスラム陶器などが出土し，創建当初期の西大寺を取り巻く政治性，国際性が再認識された。(8)

　また，中心伽藍である金堂院の区画についても，奈良文化財研究所，奈良市により2006～14年にかけて各区域の発掘が行われ，薬師金堂の礎石を設置す

るための巨大な据付石が一定間隔に並置された状況が当初のまま出土するなど，その規模の壮大さが如実に明示された。

　そして，2003年に奈良市，元興寺文化財研究所，2006年に奈良文化財研究所によって行われた旧境内東北に位置する食堂院区画の発掘調査により，このたびの共同研究の対象となる種々の遺構・遺物が発見された。資財帳に記載される「大炊殿」「檜皮殿」などの中心堂舎が確認され，ある程度の全容が判明したとともに，大炊殿の南東部から1辺約2.3mの井籠組で組まれた平城京内で発見された最大規模の巨大な井戸の遺構が発掘され，その埋土から土器などとあわせて多数の木簡も出土し，創建当初の食堂院という寺内組織の日常的活動の具体的様相が明らかになった。[9]

　古代寺院の食堂院は，寺院に在籍する僧衆や俗人が食事を摂る食堂を中心に，食材の保管，調理・配膳などを行い，各堂舎で奉斎する供物などの調製も行う部局であるというのが一般的な理解である。井戸出土の木簡の内容は，まさしく食材の進上，保管，ならびに食料・食材の支給に関わるものが主であった。創建当初の西大寺には，おそらく1,000人規模の多数の僧衆・俗人が在籍していたと推測され，[10] 巨大な井戸が設置されたことも首肯されるが，木簡を含む食堂院発掘の諸成果は，大人数の食事を賄うことを担った食堂院の実態を物語る具体的史料として，単に西大寺一寺のみならず古代寺院の食堂院のあり方を考えるうえでも稀有の貴重な史料であるといえよう。このたびの共同研究は，その解明の端緒となる意義深い成果であることを銘記しておきたい。

　この井戸遺構から出土した木簡のなかで年記のみえるものは延暦の年号が記されたものが多く，この井戸は創建から数十年のわずかな期間のみ機能したもの，延暦年間以降には廃絶し埋められた可能性が高いのではないかと思われる。[11] おそらく，西大寺自体が平安遷都後に旧都の寺院として朝廷の庇護から遠のいて縮小を余儀なくされ，急速に衰頽してゆく歴史的推移のなかで，巨大な井戸は必要とされないような状況が現出したものであろうか。食堂院自体が廃絶したわけではないにせよ，創建当初の食堂院が本来の機能を十全に果たして活発に機能したのは，奈良時代末から平安時代初頭の限られた時期であったのかもしれない。[12]

5 西大寺創建の寺院史的意義

　西大寺は平城京時代に営まれた最後の官大寺であり，後世「南都七大寺」と総称される奈良時代創建の勅願寺の1つに含まれながら，すでに平安仏教の新しいモードの諸要素も先取りした内実を一部含んでいた。先述した密教的な要素や，八角七重の東西両塔の当初計画などのほかにも，以下のような諸点もそれに加えられる特徴であろう。第1に，ほかの寺院では通常，金堂の背後に講堂が設置されるのに対し，西大寺では講堂という名称の堂舎は設けられず，薬師仏を本尊とする薬師金堂の背後には弥勒仏を本尊とする弥勒金堂のダブルの金堂が設置されていたこと。第2に，寺内僧衆の住居空間である僧房についても，他寺院では金堂・講堂などの中枢伽藍を取り囲むように設置されることが多いが（東西北の三方コの字型に配置される三面僧房など），西大寺には惣寺全体の僧房は設けられず，四王院，十一面堂院などの区画ごとに個々に分散して僧房が設けられていることである。平安時代になると寺院社会における師資相承の原理の浸透に伴い，惣寺僧房から私僧房への遷移が進み，さらに子院（塔頭）の形成へと進むが，創建期西大寺における区画ごとの居住房舎の設置は私僧房の萌芽として評価されうるものであろう。こうした点は寺内僧衆の編成や，修行や日常生活に大きな影響を及ぼしたであろうし，寺内の食生活を担う食堂院の存在形態にも深く関わる課題であるが，その詳細についてはこのたびの共同研究の成果に学んだうえで後考を期したい。

註

(1)　本堂安置の本尊・釈迦如来立像は建長元年（1249）叡尊の命による造像。西脇壇の文殊菩薩騎獅像・四侍者像は正安4年（1302）叡尊13回忌に開眼。東脇壇の弥勒菩薩坐像は元亨2年（1322）叡尊33回忌の開眼。愛染堂の秘仏本尊・愛染明王坐像は宝治元年（1247）叡尊が願主となり造像。四王堂の本尊・十一面観音立像は鳥羽上皇御願白河十一面堂の旧本尊で亀山上皇の院宣によって正応3年（1290）に西大寺に移安。その左右に安置される四天王像はかろうじて奈良時代創建当初の由緒を伝える仏像であるが，足下の邪鬼が一部創建当初の姿を伝える

のみで，四天王像自体は中世の補作である。

(2)　四王堂は延宝 2 年（1674），本堂は宝暦 2 年（1752），愛染堂は宝暦 12 年（1762）の再建。

(3)　既往の伽藍復元案はいくつか提示されているが，ここに掲げたのは奈良市『平城京復元模型記録』（1978 年）による。

(4)　佐和隆研「西大寺創建当初の美術」（『仏教芸術』62，1966 年），栗原治夫「西大寺創建当初の諸尊」（『大和文化研究』11-6，1966 年）。

(5)　称徳天皇崩御の後，計画変更されて結果的には四角五重塔として建立された。右大臣藤原永手による塔の規模縮小については，『日本霊異記』下巻 36 話の説話のなかで言及がある。

(6)　高山寺蔵『宿曜占文抄』所収の道鏡伝には，藤原仲麻呂乱直後の天平宝字 8 年 9 月 29 日に法華寺浄土院で自ら師主となり 1,000 人を得度したとみえる。ちなみに，天平 19 年の『法隆寺伽藍縁起幷流記資財帳』に「合見前僧弐百陸拾参口　僧一百七十六口　沙弥八十七口」，『大安寺伽藍縁起幷流記資財帳』に「合見前僧捌百捌拾漆口　僧四百七十三口　沙弥四百十四口」とみえ，奈良時代中期の大寺院には数百をもって数える多数の僧衆が在籍居住していた。奈良時代後期創建の官大寺である西大寺にはそれを上回る多数の僧衆が居たのではないかと推察される。

(7)　このような視点から西大寺創建の状況を再検討した近年の研究に，近藤友宜『西大寺の創建と称徳天皇』（勉誠出版，2013 年）がある。また大橋一章・松原智美編『西大寺―美術史研究のあゆみ―』（里文出版，2018 年）も参照。

(8)　奈良市埋蔵文化財調査センター編『西大寺旧境内発掘調査報告書』1，本篇・文字資料篇（2013 年）。

(9)　奈良文化財研究所編『西大寺食堂院・右京北辺発掘調査報告書』（2007 年）。

(10)　前掲注（6）参照

(11)　前掲注（9）報告書では木簡年記（1 点）の「正暦」の可能性も認めて，10 世紀末まで下降する一案もあわせて提示されているが，正暦とみえるのは延暦の崩し表記であり，私見では延暦年間に収まるとみるのが妥当と思われる。この点については以前に言及したことがある。『奈良新聞』2006 年 11 月 29 日「木簡の「正暦」は「延暦」？」。

(12)　『日本紀略』応和 2 年（962）8 月 30 日条には，大風雨で西大寺食堂一宇が顚倒したとみえ，この頃までは食堂院の堂舎・機能の一部は存続していたことは確認できる。

Ⅰ　西大寺食堂院と出土遺物

1 平城京大寺院における僧侶の生活
——西大寺食堂院と僧房をめぐって——

小 倉 慈 司

は じ め に

　本稿は文献史学の立場から，奈良時代に，西大寺など平城京の大寺院で僧侶がどのような生活を送っていたのか，食事の問題を中心に据えながら先行研究を紹介し，若干の考察を試みるものである。

1　食堂は「食堂」か？

　古代寺院の食堂について，『西大寺食堂院・右京北辺発掘調査報告書』（奈良文化財研究所，2007）には次のようにまとめられている（山本崇氏執筆）。

　　古代寺院の食堂は，僧の日常的活動の拠点と位置付けられるが，史料に乏しく，その実態は未解明な部分が多い。わずかに，法会における食堂の史料が注目される。

　　やや時代の降る寛和2年（986）の記録は，円融太上天皇の菩薩戒受戒に際して，戒壇院食堂でおこなわれた饗応の様を克明に伝えている（太上天皇御受戒記）。このとき東大寺の大炊屋では，15石入りの甑で米が炊かれ，数十人が轆轤を用いて甑に下ろし，20人許が鍬をもって飯を頼し，樋に水を引いて飯を洗っており，法会の後には1,000名の僧に熟食を供した。法会と食事の関係がみてとれる史料として注目されよう。

　　他方で，早くも9世紀後半に食堂の機能低下がうかがわれる史料も存在する（貞観10年（868）禅林寺式。宮内庁書陵部所蔵文書）。その第4条によると，真紹は，施主が寺院に来り法事のすべてを寺に任せる場合には，僧はすべて食堂に集まり，平等に受食し所作に従い場を移さずに喫食するこ

とを要請した，とみえる。この史料は，僧伽集団の平等原則を具現する食
堂での共食原理が崩壊しはじめていることを示すものと解され，同じ頃に
確認される食堂仏堂化の進展とあいまって，古代食堂の機能が思いのほか
早く低下していた可能性も否定できないであろう。

　この点について，吉川真司氏が詳しく論じており，古代寺院の食堂が，共食
儀礼を軸にして，寺僧集団の秩序を維持し，その共同性を体現する空間である
こと，それが9世紀中葉から10世紀にかけて衰退・消滅していったと述べて
いる〔吉川 2010〕。

　首肯できる見解であるが，一方で，それとは別に，僧侶の日常の生活につい
て，別の様子を物語る史料も紹介されている〔上原 2014 など〕。永観2年（984）
に源 為憲が冷泉天皇皇女尊子内親王に献上した『三宝絵』にみえる，大安寺
に関する説話である。

『三宝絵』中巻第18（新日本古典文学大系による）
　　昔大安寺ニ栄好トイフ僧アリ。身マヅシウシテ，オコナヒツトム。坊ヨ
　リイヅル事ナシ。老タル母ヲ寺ノ外ニスヱタリ。一人ノ童ヲ室ノウチニツ
　カフ。七大寺，古ハ室ニ釜・櫃ヲオカズ，政所ニ飯ヲカシキテ，露 車ニ
　ツミテ，朝ゴトニ僧房ノ前ヨリヤリテ，一人ノ僧ゴトニ小飯四升ヲウク。
　栄好是ヲウケテ四ニ分テ，一ヲバ母ニタテマツル。一ヲ来ル乞者ニアタ
　フ。一ヲバミヅカラクフ。一ヲバ童ニアテタリ。マヅ母ニオクリテ，マイ
　ルヨシヲ聞テノチニ，ミヅカラ食フ。師食ヒテノチニ童クフ。アマタノ年
　ヲヘテ此事アヤマタズ。坊ノカタハラニ近ク並テ，勤操ト云僧アリ。又身
　マヅシクテ，ツトメアリ。栄好トシタシキ友トシテ，年ヲヘテ此事ヲキテ，
　朝ニ壁ヲヘダテヽキクニ，栄好ガ童子今日ノ飯ヲウケ置テ，カクシ忍テナ
　クコエアリ。（中略：栄好が亡くなったことを聞いた勤操は，寺中には栄好が
　しばらくよそに出かけたこととし，童子には自分の飯より分けて栄好母へ飯を
　届けることを続けさせる）
　　又ノトシノ春，人来テ，勤操ニ供養ヲタテマツレリ。セバキ坊ニ客人
　アツマリテ，童マヅコノ事ヲイソギテ，飯ヲワクル事シバラクオコタレ
　リ。客人シヒテ薬ノ酒ヲスヽメテ，勤操酒ノ気アリテネブリイリテ，オド
　ロキテミルニ，日ノカゲカタブケリ。（後略：飯を届けることが遅れたこと

がきっかけとなり，栄好が亡くなったことがばれ，栄好母はショックで死去する。延暦15年〈796〉のことであり，それより毎年の忌日に勤操ら8人が法華経を講じることにしたのが，法華八講の始まりと伝える）

　栄好についてはほかに史料がなく，詳細不明である。「露車」は，ここでは台だけの荷車を指している。「小飯」は，「飯」字だけの写本や「いひ」とする写本もあるので，「小」が衍字の可能性が考えられる。勤操は空海の師ともされる僧侶で，天平宝字2年（758）もしくは天平勝宝6年（754）の生まれで，大和国高市郡（たけち）出身であり，父親が早世したために生活が苦しく，12歳で出家して大安寺の僧を師としたと伝えられる〔小林 2012〕。

　この説話によれば，8世紀末頃の話として，大安寺では政所にて飯が準備され，荷車に乗せて僧房まで運ばれていたことが知られる。政所で飯が準備されたとする点につき，『大安寺伽藍縁起 幷 流記資財帳（がらんえんぎ ぎ ならびに る き しざいちょう）』によれば，政所院（まんどころいん）と，調理をしていたであろう厨（くりや）や竈屋（かまや）がある大衆院（だいしゅいん）とは別に記されているので，正確な表現とはいえないが，同資財帳では大衆院の次に政所院が挙げられ，並べて記されており，近い位置にあったと考えればよいであろう。大衆院と政所との関係については，本来，政所は大衆院に含まれていたものの，寺院規模が大きくなるにつれ，また時代が下るにつれ，大衆院から独立する傾向があることが指摘されている〔川尻 2001〕。

　このように政所から僧房まで荷車で食事を運ぶというのが一部の寺院の特殊性なのか，あるいはそれまでは食堂に集まっていたものが8世紀末になって衰え，配られるようになった，などといったことも考えられなくはないが，やはり上原真人氏が述べているように，儀礼の場と日常の場との違いと考えた方がよいであろう〔上原 2014〕。食堂に集まって食事するのは毎日のことではなく，普段は僧房で食事をしていたのではないか。

　確かに『文徳天皇実録（もんとく）』仁寿2年（852）3月丁丑条には「詔（みことのり）す。諸大寺，四月一日より八月卅日にいたるまで，衆僧（しゅそう），食時同じくして食堂に集い，各（おのおの），大般若経一巻を読み，以て水旱の災を攘（はら）え。永く歳事とせよ」とみえるが，必ずしも全員・毎日のことと解さなくてもよいと考える。貞観10年に真紹（しんしょう）が制定した禅林寺式第1条にも「受法の人，例に依り，三時の念誦（ねんじゅ）を修すべし。昼は須（すべか）らく早く斎鐘（さいしょう）を打ち，衆，食堂に集い，（中略）相続きて食を受くべし」

とみえるが，これも理想像と考えるべきであろう。

　要するに，説話であるとはいえ，『三宝絵』説話からは，

(a) 古（8世紀末）は政所にて飯を炊き，荷車に積んで僧房まで運ばれ，一人一人の僧に支給されていたこと，

(b) 1人分の僧侶の食事の割り当てから寺外に住む母親，自分に仕える童子，寺院にやってくる乞者に割かれることがあったこと，

(c) 日中，僧侶個人が専有する居住区域に客人が集まって酒を飲み交わすことがあったこと，

などを読み取ることができる。

2　僧房・食堂院と調理場との距離

　それでは，調理場と，僧房・食堂院とはどのような位置関係にあったのであろうか。古代寺院の伽藍（寺院地）については，資財帳などの文献資料にみえる名称と，発掘成果を組み合わせて検討することによって，研究が進められてきた。数多くの研究蓄積があり，そのすべてを検討することは筆者の手に余るため，ここでは大安寺を取り上げることにしたい。

　大安寺の伽藍配置については，これまでにさまざまな説が出されており，近年の説における大きな対立点として，食堂をどこに想定するのかという問題がある。大安寺伽藍縁起幷流記資財帳によって，四坊が塔院，四坊が堂ならびに僧房などの院，一坊半が禅院・食堂・大衆院，一坊が池ならびに岳，一坊半が賤院，一坊が苑院，一坊が倉垣院，一坊が花園院であることがわかり，これを当てはめていくと，講堂や金堂などの中心伽藍の北側に食堂と大衆院を置く（図1）か，それとも東側に食堂と大衆院を置く（図2）かのどちらかということになる。

　このうち上原氏は発掘成果を踏まえつつ，講堂の東に置く説を支持し，食堂は食事準備施設と一体で機能するものであること，また講堂・僧房などの僧の勉学修行空間から容易にアプローチできることが必須であることを指摘した〔上原 2014・2021〕。筆者も食堂の位置について，この上原説に従いたい。

　なお「伽藍」の概念について，川尻氏は，天平19年（747）法隆寺伽藍縁起

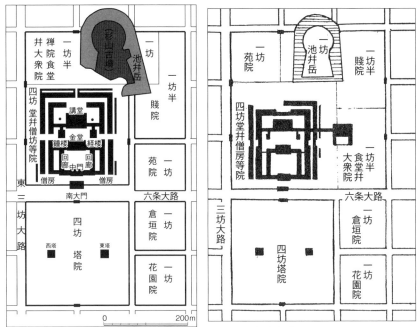

図1　大安寺伽藍配置（奈良市埋蔵文化財調査センター説，同 2014 より）

図2　大安寺伽藍配置（橿原考古学研究所説，同 1977 より）

并流記資財帳における記載順に着目して，大衆院は伽藍に含まれるが，賤はその後に列記されており，賤院があったとしても，伽藍には含まれないことになる，同年大安寺伽藍縁起并流記資財帳でも塔院・賤院・苑院・倉垣院・花園院は伽藍に含まれないとしている〔川尻 2001〕。しかし大安寺資財帳では倉垣院の倉は「伽藍内蓄物」として挙げられているから，伽藍に含まれると考えるべきであり，賤院や苑院などの建造物が挙げられていないのは，資産と見なされるような建造物ではなかったためと解釈すべきであろう（石毛 2001 は，造寺司などが本格的に関与して造ったのではなかったために，資産とは見なされなかったとする）。

　そもそも「伽藍」という言葉は僧伽羅摩（僧伽藍摩）というサンスクリット語を省略したものであるが，僧伽は衆団・僧団であり，羅摩 ārāma は園・遊園の意であって，本来は衆僧の居住する房舎などを建てる敷地のことを指して

いた〔大野 1983〕。

　では西大寺の場合はどうであったろうか。『平城京復元模型記録』（1978 年）に掲載された西大寺伽藍の復元図（本書 p.4）は，その後の発掘によって建物レベルでは修正しなければいけない点も出てきているが，区画としてはそれほど大きな変更は生じていない。中央に 2 つの金堂，その南に 2 つの塔，東側は一番北に食堂院，その南に小塔院，金堂の北側に馬屋房，西側の一番北に政所院，その南に正倉院，南には東側に四王院，南端が東南角院，西側が十一面堂院，南端が西南角院である。

　諸院がどのような建物によって構成されるかは寺院によって異なるものの，西大寺の場合は，

　（a）　講堂がないこと，
　（b）　金堂が薬師金堂と弥勒金堂の 2 つよりなっていること，
　（c）　大衆院が存在しないこと，
　（d）　僧房が十一面堂院に 4 棟（うち 1 棟は小房），四王院に 5 棟（うち 2 棟は小房），小塔院に 2 棟（うち 1 棟は小房）と分散して存在すること，

などが特徴として挙げられる。

　このうち小塔院は宝亀元年（770）4 月以降の造営と考えられており，ほかの区画に比べて完成が遅れる。

　資財帳によれば西大寺は，藤原仲麻呂の乱が勃発した天平宝字 8 年（764）9 月 11 日に，孝謙上皇が 7 尺金堂四天王像の造像を請願したことに始まるという。近藤有宜氏によれば，四王院は最勝王経を所依の経典として建立された四王堂を中心とする院であり，この院の僧侶は最勝王経の法会勤行を本分とし，平城京のほかの大寺院から移されて止住したエリート僧であって，そこでは国家の安寧が祈願されたのに対し，十一面堂院は，密教色が濃い十一面観音など観音を中心とした堂を主体とする院であり，道鏡に組織された雑密僧集団が止住して修行に励み，なかには私度僧出身僧が混じっていた可能性もあるという〔近藤 2013〕。こちらでは，称徳天皇の除災延命が祈願されたらしい。四王院僧房は土間であり，大陸風の椅子式生活がおこなわれていたのに対し，十一面院は板敷であった。

　先述したように，諸院がどのような施設によって構成されるかは，寺院によ

って異なるが，西大寺の食堂院には，食堂と大炊殿のほか，厨2棟・倉代^{くらしろ}・双倉^{ならび}などが置かれている。一方，政所院には政庁と板倉3棟・厨3棟，屋3棟が存在していた。また馬屋房が存在し，厩や温屋^{ゆや}などが置かれていた。正倉院には甲倉^{こうくら}6棟・板倉^{いたくら}8棟・板倉代1棟，庁1棟，屋2棟のほかに厨1棟，客房1棟，房1棟が存在している。以上によれば，厨は食堂院以外に政所院と正倉院にも設けられていたということになる。すなわち食堂院をセンターとしつつ，政所院や正倉院でも調理がなされたことが想定される。

興福寺・東大寺の例により，大炊殿^{おおいどの}は内部に竈を備え，飯や粥を調理する場であったのに対し，厨は食品貯蔵施設であって台所ではないとの見解もある〔大林 2012〕が，『和名類聚抄^{わみょうるいじゅしょう}』では，厨を説明するのに『説文』を引用して「庖屋也」としており，また寺院僧房について早い時期に研究を進めた竹島寛氏も，炊屋^{かしきや}で煮炊きしたものを厨にて料理した，と説明している〔竹島1936〕。やはり厨も調理施設であったと考えるべきであろう。大炊殿との違いは，竈を備えているか否か，といった違いではなかったか。

なお，食堂院の井戸の埋土より出土した「西大寺弥」という墨書土器より，食堂院で用意された食物が専用の器で弥勒金堂へ供されていた可能性が指摘されている〔奈良文化財研究所 2007，カバー裏写真〕。食殿も含めた古代寺院の食堂概念および食堂建築については海野聡氏の詳細な検討がある〔海野 2018〕。

西南角院については渡辺晃宏氏が，史料に見える「嶋院」であって称徳天皇の離宮であり，そこに太政官の事務部局が恒常的に常駐していた可能性を指摘している〔渡辺 2010〕。ならば反対に位置する東南角院は，道鏡のための区画であったかもしれない。

西大寺がそれぞれの院ごとに厨を設けているのは，称徳天皇離宮の存在など僧侶以外の人物や他寺の僧侶の出入りが多かったことが考えられる。正倉院には厨とともに，5丈9寸3分×1丈8尺4寸の客坊が設けられていた。四王院と十一面堂院・小塔院の僧房については，『三宝絵』の説話のように，大炊殿や厨から飯が運ばれることがあったのか，運ばれたとすれば，そのルートは荷車の通行に配慮がなされたものであったのであろうか。

3　西大寺に暮らす人々，西大寺を訪れる人々

　このような寺院には，果たしてどのくらいの人数の人々が住んでいたのか，またどのような人たちが出入りをしていたのか，ということについて考えてみたい。

　早く竹島寛氏は，僧房は2間で1房（区画）という構成であり，その1房の中には法隆寺資財帳や大安寺資財帳より計算すれば複数の僧侶が居住していたこと，1僧あたりの面積はおよそ85〜97平方尺（四畳半程度）であったこと，ただし平安時代には多くの僧は境内適宜の地を求めて個人私有の住房を営んでいたと述べている〔竹島 1936〕。

　僧侶の数を記した初期の史料には，『日本書紀』推古32年（624）9月丙子（3日）条の，寺46所，僧816人，尼569人が挙げられる。計算すると，1寺あたり約30人となるが，鈴木嘉吉氏は，当時の寺院の大半は氏寺であり，遺跡からみるとごく小規模なものばかりであったろうから，逆に政治の中心部にあった飛鳥寺の場合には，おそらく数百人に及ぶ僧尼が止住したであろうと推測する〔鈴木 2016, pp. 386-387〕。鈴木氏は，また奈良時代につき竹島氏と同様，資財帳より計算し，正式な僧が176人，受戒前の沙弥が87人で，全僧侶数が263口と記される法隆寺では，1人あたりの面積が約85平方尺，僧が473人で沙弥が414人，全僧侶数が887人とみえる大安寺では約110平方尺（約6畳）となるが，これは回廊や馬道などの共有部分を含んだ数字なので，実際にはさらに狭く80〜100平方尺程度と考えられ，平均して1房に12〜13人となり，これが大房と小子房に分かれていたと推測した〔鈴木 2016, p. 397〕。

　鈴木氏によれば，法隆寺の例では，1房は大房と小子房からなり，大房は身舎の大室を寝室とし，前方の開放的な室を昼間の生活空間とした。これに対し小子房は壁に囲まれた寝室とその前室の2室で構成され，大房と小子房の間には中庭が存在する。大房には地位の高い僧侶が住み，その従者が小子房に住んで，僧侶の世話をする，といったかたちが想定される（図3）。ただし9世紀半頃の仏教説話集『日本感霊録』（同書についての近年の研究に三舟 2021などがある）の説話では，小子房に住んでいるからといって必ずしも大房の僧侶の従者

とは限らないようでもある（後述）。

これに対し、東野治之氏は、その『日本感霊録』にみえる説話から、元興寺^{がんごうじ}において大房と小子房を組み合わせた1区画に4人の居住者があったことが知られるが、ほかに同房の人物がいた気配がないこと、無住の房もあったこと、また文永8年（1271）編纂『西琳寺文永注記^{さいりんじ}』所引「天平十五年西琳寺資財帳」では、「僧・沙弥^{しゃみ}幷せて廿二口、僧十六〈見廿口之中、二僧借住、四不知去、三死,〉」とあって、この数字には誤写か誤脱が想定されるが、ともかくも実数としては13人もしくは16人であり、僧房が概略法隆寺の6〜7割の規模をもつにもかかわらず、面積に比して居住人数が極度に少ないことを指摘する。さらに承和2年（835）撰『招提寺流記^{しょうだいじ}』に個別の僧の名を冠する区画があること、また馬の捜索を求める天長年間頃の平城京左京

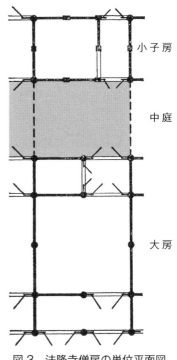

図3　法隆寺僧房の単位平面図
（鈴木 2016 より）

一条三坊十五・十六坪出土木簡において、通報先が山階寺^{やましなでら}（興福寺）の「中室の南端より第三房」が指定され、やはり房の住人が少人数であったと考えられることなどから、実際には僧房外に居住する僧や沙弥が多数存在したと推測する〔東野 2019・2020〕。

東野氏が紹介する史料のうち『日本感霊録』第1話について、実際に検討してみたい。第1話は欠損が多いが、辻 1981や東野 2019を参考にしつつ、関連部分を次のように解釈した（大意はシンポジウムでの報告後、東野氏のご教示を得て修正したものを掲げる。主な変更点は、当初の解釈では座具を勝寧^{しょうねい}が見つけて聖護の房に入れたと解したのに対し、そうではなく聖護^{しょうご}が見つけて自分で座具を取り込んだにもかかわらず、我が物とするために、童子に知らないふりをしたと解釈した点である）。

〔書き下し〕

法師聖護は元興寺の僧なり。其の本居・俗姓，明了に非ざる也。
其の寺の西方の北行，馬道〈めどう〉より西の第三の房の高戸屋〈カ〉に居住する
也。同じき小子房に住止せる勝寧師，去る延暦年中を以て□（1,2字欠）
聖護師及び山階寺の若僧，倶共に親厚に交通〈カ〉り□（多カ）
年を経たりカ□。時に勝寧師，小子房に於て嘿然〈もくぜん〉として住す。□□山階（2,3字欠）
寺の若僧，其の僧の高戸屋より□（10字程度欠）
房，中の間に於て此の綾□（十数字欠）
此の寧師，指し示さむと欲せし頃，護師□（10字程度欠）
自らの房□□此に寧師，心中に思わく，（欠あり）（十数字欠）
之を取り納めば，誤り失うべからず，と。嘿して□（十数字欠）
童子に白して其の座具を乞う。護師□（10字程度欠）
童子，手空しくて去る。既にして□□至り□（十　数　字　欠）
言わく，「一昨，僧の座具，此間に忘れ□（10字程度欠）
看出だせる人，否や」と。是に於て寧師，先の□□を知らずして（5,6字程度欠）
「座具は彼の日，即ち戸屋の大徳取り収めり」と云々。（後略）

〔大意。下線部は推測〕

　　法師聖護は元興寺の僧侶である。本居や俗姓は不明である。元興寺の西
　方の北行の僧房の馬道より西の第三の房の高戸屋（いわゆる大房の部屋）
　に住んでいた。一方，その小子房には延暦年中より勝寧という僧侶が住ん
　でいた（小子房には大房の僧侶の従者が住むことが多いようであるが，おそら
　く聖護にはそのような童子がいなかったので，勝寧が入ったのであろう）。聖護
　と山階寺（興福寺）の若い僧侶はとても仲が良く長年交流があったが，勝
　寧は寡黙に暮らし，聖護と親しくはしていなかった。
　　あるとき山階寺の僧侶が綾織りの座具を持ってやって来たけれども，帰
　るときに（大房と小子房の間の）中庭に座具を落としてしまった。そこで
　勝寧がそれを教えようとしたところ，聖護は座具を見つけて自房に取り込
　んだ。勝寧は，なくならないようにと聖護が考えて取り入れたのだと思
　い，黙っていた。その後，山階寺の僧が気づいて童子に取りに来させたけ
　れども，聖護は知らないふりをした。童子は手ぶらで帰ることになった

が，帰るついでに勝寧のところによって，「一昨日，座具をこのあたりに忘れてきたのですが，見つけた人はいませんでしたか？」と尋ねた。それに対し，勝寧は，聖護と童子のやりとりを知らず，「座具はその日のうちに聖護大徳が取り込みましたよ」と答えた。（以下，聖護が怒り，一族を引き連れて勝寧をなぶりものにしようとする話に展開していく）

このように解釈すれば，やはり聖護も勝寧もそれぞれ房に１人で住んでいたと考えられよう。ちなみに讃岐国分寺については13.5尺（4m）四方１室となる遺構が検出されており，これも１人１部屋であったと考えられる〔岡田2005〕。

東野説を念頭において『日本霊異記』を読むと，上巻第４話・第14話・第22話，中巻第７話・第38話など，やはり１人の僧が１室を占めていたように読める説話が目につく。もちろん複数で１部屋に住んでいると考えられそうな事例もあるが，冒頭に紹介した『三宝絵』の説話を考えてみても，基本は１人１部屋であったろう。

ところで僧侶は食事を午前中に摂り，午後には食事しないのを原則としたが，『唐招提寺用度帳』にみえるように，病気のときは「非時薬」として食事を摂ることができた〔松田1993〕。これに関して『西琳寺文永注記』所引の「天平十五年帳」には興味深い記述が見える。

仏・聖僧二千百五十六軀供米卅八石八斗八合〈日別に二座，軀別に一升八合，之内粥料三合。仏御分は堂童子の料に宛つ。聖僧御分は乞者ならびに病人の昼用。〉（原漢文）

仏像や聖僧像（食堂に安置された彫像）に供えられた供物は，堂童子や乞者，また病人の昼食に充てられたという。この『西琳寺文永注記』を草したのは鎌倉時代に西大寺を再興した叡尊の甥にあたる惣持という僧侶で，西琳寺（河内国古市郡所在）を再興した人物であるが，惣持はこの記事に続く箇所に，「当寺上代の僧徒は，一食長斎（１日１食の持斎）や仏の分を堂童子に充てたり，聖僧の分を乞者や病人に充てるなど，仏法を守っていた，ということを肝に銘じておきたい」（原漢文）と記している。実際に８世紀にこの通りのことが行われていたかどうかは定かでなく，また『類聚三代格』所収宝亀３年（772）３月21日太政官符などには，童子に支給される米・塩についての規定もみえて

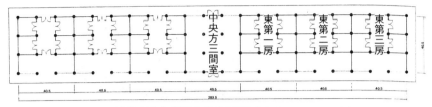

図4　讃岐国分寺僧房全体復原平面図（岡田 2005 より）

いる。したがって 8 世紀後半に堂童子にも支給されるように変化したのか，あるいは天平 15 年帳に記されるのは正規支給分とは別であったと考えるべきなのか，明らかでないが，ともかくも供物は堂童子や乞者，療養中の僧侶に与えられるべきものという考え方のあったことは確かである（なお『西琳寺文永注記』については山路 2002 および同論考にて言及の先行研究参照）。僧侶に支給された食糧が童子や縁者，乞者に分け与えられることのあったことは，第 1 節で紹介した『三宝絵』説話からも判明する。

　また『日本霊異記』下巻第 12 話には，観音に帰依している盲人が昼は薬師寺正東門に坐して往来の人々より施しを受け，正午の鐘を打つ音を聞くと寺内に参入して衆僧より飯を乞うていたことが記されている。寺院には僧侶や堂童子，そのほか奴婢・家人のみならず乞食も含めた人々，参詣者が多く出入りしていた〔なお吉川 2019 参照〕。

　西大寺の場合には，これに加えて馬屋房の存在も確認されるので，当然，馬やその世話をする人々の出入りもあった。さらに造営事業の従事者，また称 徳天皇と関わっての俗官の出入りも頻繁であったと思われる。寺院によっては園院が存在し，蔬菜の栽培もなされていた。

　なお『日本霊異記』上巻第 4 話には毎朝，寺を出て里に行き，夕方に戻ってくる法師の話が記されているが，その説話の末尾は「五辛を食らうは仏法の中の制にして，聖人用い食らえば罪を得るところ无からまくのみ（仏法は葱やニラなど辛味や臭気のある野菜を食べることを禁じているが，聖人がこれを食べた場合には，罪を得るということはまったくない）」という言葉で結ばれている。僧侶が寺外に出ることも少なくなかったが，寺外に出る理由の一つとして，精進食でないものを食べることが想定されているようである。

さらにはこれもよく知られていることではあるが，『日本霊異記』下巻第6話などにみられるように，病気の際に魚・肉を食べることもあった。そうした場合は病気を理由に，寺院内に持ち込まれている。

お わ り に

　以上，奈良時代の平城京大寺院における僧侶の生活について考察を試みてきた。西大寺自体にかかわる文献史料は少なく，推測にわたる点が多いが，遺構・遺物の解釈に参考となる点があれば，幸いである。

参考文献

石毛彩子 2001「平城京内寺院における雑舎群」『古代』110

上原真人 2014『古代寺院の資産と経営—寺院資財帳の考古学—』すいれん舎

上原真人 2021『奈良時代の大安寺—資財帳の考古学的探究—』東方出版

海野聡 2018「東大寺食堂にみる古代食堂の建築的展開について」栄原永遠男ほか編『東大寺の新研究3　東大寺の思想と文化』法蔵館

大野達之助 1983「伽藍」国史大辞典編集委員会編『国史大辞典』3，吉川弘文館

大林潤 2012「西大寺伽藍の造営計画に関する検討」奈良文化財研究所編・発行『文化財論叢』Ⅳ（のち，改題〈同編『文化財学の新地平』2013．吉川弘文館〉）

岡田英男 2005「讃岐国分寺僧房の復原的考察」『岡田英男論集下　日本建築の構造と技法』思文閣出版（初出1986）

川尻秋生 2001「資財帳からみた伽藍と大衆院・政所」『古代』110

小林崇仁 2012「勤操の生涯—誕生から修行期にかけて—」『蓮花寺仏教研究所紀要』5

近藤有宜 2013「僧房の分散と双堂」『西大寺の創建と称徳天皇』勉誠出版（初出2008）

鈴木嘉吉 2016『古代寺院僧房の研究』中央公論美術出版

竹島寛 1936「古寺院の僧坊及び雑舎」竹島先生遺稿刊行会編『王朝時代皇室史の研究』右文書院（初出1927）

辻英子 1981『日本感霊録の研究』笠間書院

東野治之 2019「古代寺院の僧房と僧侶の持戒生活」律宗戒学院編『唐招提寺の伝統

と戒律―覚盛上人御忌記念―』法蔵館

東野治之 2020「法興寺から元興寺へ」元興寺・元興寺文化財研究所編『日本仏教は
　じまりの寺　元興寺―1300 年の歴史を語る―』吉川弘文館

奈良県立橿原考古学研究所（亀田博ほか）1977「大安寺旧境内発掘調査概報」同所編・
　発行『奈良県遺跡調査概報』1976 年版

奈良市埋蔵文化財調査センター 2014『平成 26 年度秋季特別展　甦る大寺』奈良市教
　育委員会

奈良文化財研究所編・発行 2007『西大寺食堂院・右京北辺発掘調査報告書』

松田誠一郎 1993「「唐招提寺用度帳」について」『京都市立芸術大学美術学部研究紀要』
　37

三舟隆之 2021「『日本感霊録』の史料性」『日本歴史』881

山路直充 2002「『西琳寺文永注記』「堂舎事」の検討―「古代における河内における
　河内国西琳寺の景観」への前提作業―」藤澤一夫先生卒寿記念論文集刊行会編・
　発行『藤澤一夫先生卒寿記念論文集』

吉川真司 2010「古代寺院の食堂」栄原永遠男ほか編『律令国家史論集』塙書房

吉川真司 2019「古代寺院の生態」吉村武彦・吉川真司・川尻秋生編『シリーズ古代
　史をひらく　古代寺院』岩波書店

渡辺晃宏 2010「称徳の居住空間としての西大寺」『平城京一三〇〇年「全検証」』柏
　書房

2　西大寺食堂院跡の発掘と木簡

馬　場　　基

は じ め に

　本章では，西大寺食堂院の発掘調査および出土木簡の概要を整理する。本章で触れるのはあくまでも概要である。詳細は各発掘調査報告を参照されたい。ただし，西大寺およびその周辺では多くの発掘調査が実施されているが，全体をまとめた報告書は存在しないので，適宜，各調査の報告を参照していただきたい。西大寺食堂院に関わる記載・所見は，『西大寺食堂院・右京北辺発掘調査報告』（奈良文化財研究所，2007）による。

1　西大寺食堂院発掘調査の概要

西大寺の発掘調査

　まず，西大寺周辺の発掘調査を概観する。

　西大寺伽藍は，①西大寺資財流記帳，②古絵図類，③現地形，④発掘調査の大きく4つの素材・方向から検討されている。

　①②はいずれも中世に秋篠寺との争論に際して，証拠書類として作成されたものが今日に伝わるものであるが，原本を高い水準で複写したものと考えられ，奈良時代の資財帳や条坊図を伝える資料として高く評価されている。①に記述された堂舎群を，②に書き込まれた記載をもとにプロットすることで，平城京条坊での伽藍や建物群のおおよその位置が推定できる（たとえば本書 p.4 の図3参照）。また，記述の多い伽藍中枢部については，詳細な復元案も提示されている。復元案は比較的類似しており，妥当性は相応に高いと考えられる。また，①の記述から，建物群は奈良時代最後の最大寺院にふさわしく，壮麗な

ものであったと考えられる。

　続いて，③④について見ておきたい。西大寺関連の主な発掘調査の場所は図1の通り。

　中枢部の主な発掘調査としては，弥勒金堂院回廊北東隅，薬師金堂および西軒廊，四王堂，東塔の調査があげられる。弥勒金堂院回廊北東隅・薬師金堂・薬師金堂西軒廊の調査で，これらの規模・位置が確定したことにより，金堂院の正確な位置・規模が復元できる。また，地割りに残る痕跡ともあわせて，発掘調査の行われていない弥勒金堂の位置や規模についても，ほぼ確実に推定できるようになった。また薬師金堂の調査では，礎石が特異な据え付け方をしていることも明らかになり，奈良時代後半の連続する大規模造営を下支えした土木技術を垣間見ることができる。

　四王堂の発掘調査では，奈良時代以来の基壇等・基壇外装を確認し，礼堂の様子も判明した。四王堂は西大寺創建に関わる重要な堂舎であり，これらの成果は重要である。

　さて，西大寺の発掘調査でどうしても触れなければならない成果が，東塔の発掘調査成果である。『日本霊異記』に「西大寺の塔を八角から四角にしたので地獄に落ちた」という説話が伝わる（下巻「塔の階を減じ，寺の幢を仆して，悪報を得し縁」第36）。一方，現地の地表には四角の基壇が残っていた。発掘調査の結果，八角形の堀込地業が見つかり，当初は八角形で計画・施工されていたものが，のちに四角形に変更されたことが明らかになった。『日本霊異記』の説話が，事実を伝えていたことが確認されたのである。

　そのほか，西隆寺では，商業施設や都市計画道路建設があり，比較的広範な発掘調査が行われている。西隆寺は，僧寺である西大寺に対する尼寺である。金堂・金堂院回廊・南面築地・伽藍東門，および塔が発見・調査されている。

西大寺食堂院の発掘調査

　上述の研究状況のように，西大寺食堂院の立地・範囲はおよそ判明しており，内部の建物配置についても一定の復元案が示されていた。そして，1997年の奈良市による発掘調査で，食堂本体とみられる基壇の一部，2003年の奈

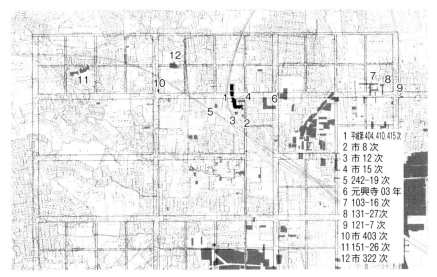

図1 西大寺関連の主要発掘調査位置図（奈良文化財研究所 2007a を一部改変）

1 平城第 404,410,415 次
2 市 8 次
3 市 12 次
4 市 15 次
5 242-19 次
6 元興寺 03 次
7 103-16 次
8 131-27 次
9 121-7 次
10 市 403 次
11 151-26 次
12 市 322 次

良市による発掘調査では南北方向の据瓶列を伴う建物，2006 年の奈良文化財研究所による発掘調査で礎石建建物 2 棟，総柱建物 1 棟，据瓶列を伴う基壇建物 1 棟，井戸 1 基（図2），門 1 基，溝 2 条などが確認された。これらの発掘調査成果と，資財帳・絵図と照らし合わせると，食堂・檜皮殿・大炊殿・甲双倉・東檜皮厨・一条北大路（側溝）に該当し，食堂院内の建物配置を詳細に復元することができる（図3）。なお，檜皮殿は通常の寺院の食堂院では，盛殿に該当するとみられる。

　これらの遺構の造営期については，先行する遺構などが確認できなかったこともあり，調査所見からは確実には判断できないが，奈良時代後半の西大寺造営期とみて矛盾はない。一方，廃絶については注意を要する。出土遺物から，井戸の埋没は延暦 11 年（792）頃とみられ（後述），東檜皮殿据瓶列の破損・埋没は 10 世紀末とみられる（後述）。また，大炊殿では瓦の葺き替えが認められない。以上から，食堂院全体としては，平安遷都時頃に機能を停止，あるいは急激に低下させており，建物の維持も完全には行われていなかったとみられるが，瓶列については維持され，10 世紀まで存続したと判断される。

　絵図類には，食堂の場所に「今弥勒」という書き込みが存在し，食堂を弥勒

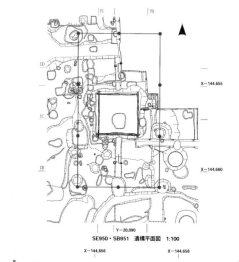

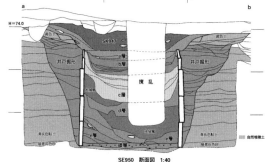

図2　2006年の発掘調査で見つかった井戸の遺構図
（奈良文化財研究所 2007a）

金堂としていた時期があることが知られる。また，東隣接地の発掘調査で，10世紀代に降る「同法所」と書かれた墨書土器が出土していることなどもあわせて，8世紀末に機能を低下させたものの，一部の建物は維持され，宗教活動も持続していたと考えられる。食堂院地域は，一定の機能を残しており，遺物を考えるうえでも一定の意識を払う必要がある。

　次に，各遺構を概観する。今回，主たる議論の対象となる遺構は，東檜皮厨と据瓶列SX930，井戸SE950である。

　東檜皮殿は，南北約33m，東西約12mの基壇建物に復元される。内部に据瓶列SX930を伴う。甕は，東西4個の列が南北に少なくとも20列並んでいたと推定される。SX930の瓶は，潰れた状態で，主として底部，一部は抜き取り痕跡を確認した。瓶は均質で同一のものが利用されている状況ではなく，時代も含めて多様なものが用いられる。こうした点から，SX930は設営当時のままではなく，補充や据え直しを経たもので，言い換えれば，当初に据えられた瓶が破損した後も，入れ替えなどを通じて機能を維持していたと考えられる。瓶が潰れた上部から出土した遺物の年代から，10世紀代に破損・埋没したものとみられる。

　井戸SE950は，横板・井籠組の井戸枠を伴う。東西約5.2m，南北約9mの

井戸屋形SB951が覆う。井戸枠は内法で約2.3m四方，井戸枠材は5段残存していた。井戸底には浄水用の礫（れき）・木炭層が遺存していた。遺構検出面からの深さは約2.8m。井戸の規模，井戸枠の構造，井戸屋形の規模など，いずれの観点からも，きわめて重要で大規模な井戸であったことが判明する。

　井戸枠内埋土から，大量の遺物が出土した。井戸枠内埋土はa～e層に別れる。埋土の状況から，比較的短時間に埋められたと判断される。埋没時期は，出土土器の年代および木簡記載の年紀の下限（延暦11年）から，延暦11～12年頃と考えられる。

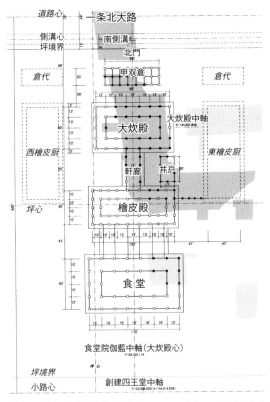

図3　西大寺食堂院配置図　1:600（奈良文化財研究所 2007a）

単位：1´＝1尺，□：礎石建ち，○：掘立柱，黒塗は検出済，文字の斜体は推定を示す

2　西大寺食堂院出土木簡

出土木簡の概要と位置づけ

　西大寺食堂院出土木簡は，いずれも井戸SE950からの出土で，総点数は360点（うち削屑186点）になる。出土状況から考えて，井戸を埋める際の一括廃棄と判断される。したがって，木簡が利用された時期も，廃棄時からほど近い頃に集中するとみられる。また，井戸の廃絶以後も東檜皮厨が活動を続けた

り，弥勒金堂院としての利用が想定されたりすることなどを考えると，井戸の埋没はほかの遺構の廃絶より先行していると想定される。したがって，井戸廃絶時には，一定の区画や遮蔽施設を維持していた可能性が高く，これらの木簡は食堂院外からわざわざ運ばれて廃棄されたと考えるよりも，食道院内に存在した木簡が廃棄されたと考えることが妥当であろう。

　埋蔵環境の影響で強く黒ずんでおり，墨痕の追跡が難しい。木部の残存状況は比較的良好（腐食が少ない）ではあるが，木目の強い木の利用が目立ち，やはり墨痕の確認を困難にしている。また，総じて雑な書き方が目立ち，癖も強い。こうしたことにより，釈読が困難な木簡群である。

　さて，上述の出土状況から，この木簡群は西大寺食堂院のある時点での活動をかなり濃厚に反映していると考えられる。木簡に文字化された範囲についていうならば，ほぼその全体をカバーしている可能性もありうるだろう。また，文字の雑さは，時代の影響もあるものの，荘園も含めた「西大寺内部」で完結する活動の反映であることが影響しているとも思われる。

　内容的には，各地から食堂院にもたらされた食材の付札や進上状と，食堂院から支給する際に用いられたとみられる伝票や帳簿系統の木簡のほか，人の管理に関わる木簡や，文書・習書など，またキーホルダー類も出土している。人の管理に関連する木簡も，あるいは食料支給と関連があるかもしれない。またキーホルダーが出土していることから，倉庫の管理業務を行っていた様子がうかがえる。なお，調・庸の荷札木簡は見当たらない。

西大寺と長屋王家木簡の比較

　次に本研究の主眼である，食品名を有する木簡に注目する。西大寺食堂院出土木簡から，食品名があるものを抽出した（次ページの表）。この表を元に西大寺食堂院木簡にみえる食料品の特徴を，やはり比較的閉じた空間の活動を凝縮した木簡群である，長屋王家木簡と比較しながら探ってみたい。

　まず大きな特徴として，「米」として入ってきて，「飯」として出ていく，という現象が確認できる。一見あたりまえであるが，長屋王家木簡では，支出側でも「米」が多くみられる。

　また，西大寺食堂院では「黒米」が8点ある。米とのみ記していて，おそら

表　西大寺出土食品名記載木簡一覧（木簡釈文の表記方法〈記号等〉は，奈良文化財研究所「木簡庫」データベースの凡例〈https://mokkanko.nabunken.go.jp/ja/?c=how_to_use#legend03〉による）

本　文	遺構番号	食品名	出　典
□〔十ヵ〕月十八日用米三升四合	SE950-e 層	米	城 39-27 下(221)
←都伎部米五斗／正月廿三日∥	SE950-d 層	〃	城 39-24 下(183)
・□〔米ヵ〕／○／□□〔蔓洗ヵ〕□∥ ・□	〃	〃	城 39-22 上(152)
・矢田部広人米五斗 ・○上二月十八日	〃	〃	城 38-18 下(72)
人戸□〔同ヵ〕告刀自女二斗＼○□〔乎ヵ〕八遅三斗	〃	〃	城 39-25 上(184)
縄万呂□五斗	〃	〃	城 38-19 上(74)
廿一日用米五□□〔升廿ヵ〕□□□□	SE950-e 層	〃	城 39-27 下(222)
美作国勝田郡吉野郷□〔搗ヵ〕米五斗	SE950-d 層	〃	城 38-18 下(69)
楷田部由万呂□〔赤ヵ〕五斗	SE950-e 層	〃	城 38-18 下(73)
〈〉白米	SE950-d 層	白米	城 39-23 下(167)
・〈〉 ・白米五	〃	〃	城 39-25 下(193)
・□庄白米五斗 ・□〔年ヵ〕六月五日吉万呂	〃	〃	城 39-25 下(189)
・○西成乎智広少戸白二斗五升 ・佐々貴山公時守戸白米二斗五升	〃	〃	城 39-32 下・ 城 38-18 下(71)
・越前国足羽郡野田郷戸主□ ・□□白米五斗延暦五年十一月	SE950-e 層	〃	城 39-24 下(182)
・白米伍合○□□□□□□□・□＼□□〔寺主ヵ〕 「□□〔信如ヵ〕」□□〔可信ヵ〕「□□〔憬ヵ〕」□□ 〔可信ヵ〕	SE950-d 層	〃	城 39-21 上(138)
・□□〔庄ヵ〕黒米五・□〔延ヵ〕暦十一年十二月八 □	〃	黒米	城 39-25 上(185)
・□□□□〔西大赤江ヵ〕南庄黒米五斗・延暦□□ 〔十年ヵ〕十二月廿日□□□□〔万呂ヵ〕	〃	〃	城 38-18 上(60)
・□万呂黒米五斗西大寺 ・赤江北庄延暦十一年地子	〃	〃	城 38-18 上(62)
・穴太加比万呂黒米五斗・□□□〔西大寺ヵ〕赤江北 庄延暦十一年地子	〃	〃	城 38-18 上(61)
・西大寺赤江北庄延暦十一年地子・秦浄人黒米五斗	〃	〃	城 39-25 下(190)
・西大赤江南庄黒米〈〉・■〔延ヵ〕■■■■■■■ ■上	〃	〃	城 39-25 上(187)
・西大赤江南庄黒米五斗 ・延暦十一年十二月十一日吉万呂	〃	〃	城 39-25 上(186)

・西大赤江南庄黒米五斗吉万呂 ・正〔延〕暦十一年六月十五日吉万呂	〃	〃	城38-18 上（59）
┤飯\□┤	〃	飯	城39-32 上（320）
□〔飯ヵ〕〈〉□〔升ヵ〕〇□□□□	〃	〃	城39-21 上（141）
□□□〔飯参升ヵ〕	〃	〃	城39-21 下（145）
・□〔飯ヵ〕□□□□〇二月□七日□□□〔別当慈ヵ〕□ ・□□□〔故状ヵ〕〇「聞円」	〃	〃	城39-21 上（140）
・十日朝参漆□〇／頭一人〇多守師〇多表師〇慈舜師／慈□師〇保忠師〇別当守泰∥ ・「飯壱升〇雑□□常料〇十一月四日\〇寺主」『□□」「□□〔可信ヵ〕〇〈〉」	〃	〃	城38-16 下（43）
・飯□〔壱ヵ〕 ・□□	〃	〃	城39-21 下（143）
・飯・□〔寺ヵ〕	〃	〃	城39-21 下（142）
・飯壱升〇□□ ・□□	〃	〃	城39-21 下（146）
・飯壱升五合〈〉 ・〈〉〇寺主□〇可信〇都維□	〃	〃	城39-21 上（139）
・飯弐升〇客房侍倉人一人鎰取一人合二人間食料\〇三月五日\寺主「□□」「都□」「聞円」少都□〔那ヵ〕・〇「銭□貫文〇少寺主\〇〈〉〇而〇□□〇而□□□」	SE950-c 層		城38-16 下（41）
・飯壱升〇伊賀栗拾使間食料〇八月廿七日〇目代□〔倉ヵ〕□□〔人ヵ〕 ・「□□□□□□□八月四日□〔目ヵ〕□\〇倉人\〇上座〇寺主〇可信〇□□□□□」（裏面左行は墨書で囲んで抹消）	SE950-d 層	飯・栗	城38-16 下（40）
飯壱斗壱升〇蔓菁洗漬並→\上座〇寺～主～「信～如～」可信	〃	飯・蔓菁	城38-16 下（42）
飯壱斗伍升〇蔓菁□女□並仕丁	〃	〃	城38-17 上（46）
┤□□\〇粥\〇□┤	〃	粥	城39-32 上（321）
□□□□〔酒参升ヵ〕	SE950-z 層	酒	城39-23 下（168）
□酒壱升弐合〈〉	SE950-d 層	〃	城38-17 下（53）
□〔塩ヵ〕	SE950-c 層	塩	城39-23 下（169）
・塩壱升〇〈〉 ・〇〈〉\白米太大合西大寺〇□	〃	塩・白米	城39-32 下・ 城38-17 下（54）
進上〇大角豆拾～把一〇七～月～十一日～僧～信梵判収目代安豊	SE950-d 層	大角豆	城39-32 下・ 城38-16 上（38）
・□〔夾ヵ〕角豆二百五十二枝・三中取	〃	莢角豆	城38-19 上（75）

・浄酒弐升□□〔政所ヵ〕□料又酒 ・□□□□□□□	〃	浄酒	城 38-17 下(52)
請酢壱升二合	〃	酢	城 39-27 上(213)
東薗進上大根三升○知佐二升	〃	大根・知佐	城 39-32 下・ 城 38-16 上(36)
少戸主□□□紀須大豆五斗	〃	大豆	城 38-18 下(65)
少戸主波太部直万呂戸□田料大豆五斗	〃	〃	城 39-32 下・ 城 38-18 下(66)・ 城 38-17 下(51)
少戸主波太部直万呂大豆五斗	〃	〃	城 38-18 下(64)
心太五斗	〃	心太	城 39-30 上(270)
□漬菜	SE950-e 層	菜(漬菜)	城 39-30 上(271)
・茄子十五石六斗／六石五斗見直充了／九石一斗○直 未□九十三文今所給□□〈〉∥□□□（本文に「○世 ○世○世○世」「□□□○世○世○世○世○世世 世世世世世」を重書）・□□二石九斗「茄子」四石／ 「麻」○一石〈〉／○「為為為」□□□卅□∥「財平 □」	SE950-d 層	ナス	城 38-17 上(49)
・○四斗五升茄九石○二斗一升知〈〉斗○□〔木ヵ〕 瓜一石五斗五升干瓜＼九日升五合○□漬 ・【□〔飯ヵ〕肆升○／寺□□〔廻散ヵ〕料／〈〉「信 如」□□〔可信ヵ〕「安豊」∥○／五月廿□日／○目 代「慈登」∥】	〃	ナス・木 瓜・干瓜	城 38-17 下(50)
・醤壱□…□壱升○右津使供料○七月十六日・○□… ○□	〃	醤	城 39-21 上(137)
・¦麦伍斛＼○日代←斛舂料＼○□¦ ・¦○□□＼○□麦＼←日麦□〔舂ヵ〕＼○麦舂＼ ○□＼○麦舂□＼○□□¦	SE950	麦	城 38-20 上(92)
□芋□□	SE950-d 層	芋	城 39-31 下(306)
東薗進上瓜伍拾壱果／又木瓜拾丸○大角豆十把／茄子 壱斗弐升○／／七月廿四日／／○別□〔当ヵ〕□□∥	〃	瓜・木 瓜・大角 豆・ナス	城 38-16 上(35)
醤漬瓜六斗	〃	瓜・醤 (醤漬瓜)	城 38-19 上(76)
・漬蕪六升・道下米依	SE950-攪乱	蕪(漬蕪)	城 38-17 上(48)

く白米と考えられる木簡9点，白米と明記した木簡が6点であり，黒米は相応の比率を占める。一方，長屋王家木簡では，ほぼ「米」と記しており，斗量とあわせて基本的には白米と考えられる。また，平城宮木簡でも，玄米の木簡はほぼみられない。玄米の木簡が多いことも，西大寺食堂院木簡の特徴といえる。

　次に蔬菜・雑穀類を見てみよう。西大寺食堂院木簡では，蔓菁（カブ）・大角豆（ササゲ）・大根・知佐（チシャ）・茄（ナス）・木瓜（モッコウか）・干瓜・瓜・芋，麦・大豆がみられ，一見バラエティーに富んでいる。ただ，長屋王家木簡と比べると，ジュンサイ・カブラナ・ギシギシなど見当たらない野菜も多い。さらに「葉物野菜」という観点でみると知佐が1点のみであり，根菜や実といった「堅い」野菜が多いという偏りがみられる。また，大豆が3点ある。大豆と書かれた木簡が平城宮・京で約30点であり，そのうちの1割を占めている。長屋王家木簡で「大豆」と書かれたものは，6点のみである。一方，長屋王家木簡に2点みえる「小豆」の木簡は，西大寺食堂院木簡には見当たらない。

　海藻についても確認したい。西大寺食堂院木簡中で，海藻とみられるものは「心太」1点のみである。一方，長屋王家木簡や平城宮・京木簡で海藻類，特にワカメが大量にみられることは，言うまでもないだろう。また，魚介類・肉類については，西大寺食堂院木簡には見当たらない。長屋王家木簡中では多くみられる。海藻・魚介類・肉類がない，少ない点は，西大寺食堂院木簡の特徴といえる。

西大寺食堂院木簡と長屋王家木簡の比較から見えること

　以上が長屋王家木簡と西大寺木簡を比較した違いである。

　まず，長屋王家は政所の木簡であり，食堂院木簡はより食材を直に扱うところに近い木簡，という印象が強い。これは，米と飯の様相から，直接的に見いだすことができる。また，内容がわかる木簡中に占める食料品の割合も，西大寺食堂院木簡の方が高い。西大寺食堂院出土木簡は，まさに西大寺食堂院に密着した資料群である。

　栄養という観点から注目したいのが，海藻・魚介類・肉類の少なさと，玄

米・大豆の多さである。海藻・魚介類・肉類が欠けることから想定される不足する栄養素は，タンパク質とミネラルであろう。玄米・大豆によって，これらの栄養素を補填していたとみることができそうである。玄米は，白米にくらべてタンパク質（アミノ酸）やミネラル含有の点で優れている。大豆のタンパク質が良質であることは言を俟たない。僧侶が魚を食したことは，小倉報告でも示される通りであるが，すくなくとも食堂院で調製される寺院食では，今日的に言えば「精進料理」であり，さらに栄養的にも配慮したものであったとみられよう。

　これは同時に，当時の僧侶の食生活全体を，西大寺食堂院木簡から復元できるわけではない，ということも意味する。西大寺食堂院木簡からわかることは，最大でも，食堂院という空間で調製され，供給された食生活の様相に限定される点は，しっかりと意識しなければならない。食堂院の木簡にみられないから，僧侶が食していないとか，あるいは食堂院で提供されていない，とまでは言いきれない。

　また，玄米食によって，脚気の予防効果も期待される。正倉院文書中に散見する「足病」について，脚気の可能性が指摘されており，丸山裕美子氏は小豆の支給がその対策である可能性を指摘した〔丸山 2010〕。西大寺食堂院で小豆がみられないことは，あるいは脚気が防がれていたことの証左とみることもできるかもしれない。

　葉物野菜が少なく，根菜や実が多い点は，その利用法と関わると考える。西大寺食堂院での蔬菜類の利用方法は，漬物原料の例が多い。長屋王家木簡でも，漬物原料には葉物より瓜などが目立つ。野菜を調理してそのまま食べるよりも，漬物としての利用が多かったと，木簡からはみることができるだろう。

　　おわりに

　西大寺食堂院木簡は，奈良時代の大寺における僧侶の食生活を垣間見ることができる希有な素材である。そこからは，巧みに栄養素に配慮した精進料理の元祖ともいうべき姿も見いだせるかもしれない。一方で，あくまでもそれらは「食堂院」に限定されたものであり，それぞれの僧侶の僧房や，あるいは寺外

での食生活の様子までは知りえないという限界がある。また，例えば，漬物の原料となる塩を搬入した木簡は見当たらないなど〔馬場 2018〕，木簡群内だけでは矛盾してしまう現象もあるように，木簡が食生活や食料の調達や支給のすべてを映し出しているわけではない。

　ほかの出土遺物や，関連資料と総合的に検討することで，より立体的に古代僧侶の食に迫ることができると期待される。

参考文献

奈良文化財研究所編・発行 2007a『西大寺食堂院・右京北辺発掘調査報告』

奈良文化財研究所 2007b『平城宮発掘調査出土木簡概報』38

奈良文化財研究所 2009『平城宮発掘調査出土木簡概報』39

馬場基 2010『平城京に暮らす―天平びとの泣き笑い―』吉川弘文館

馬場基 2018『日本古代木簡論』吉川弘文館

丸山裕美子 2010『正倉院文書の世界―よみがえる天平の時代―』中央公論新社

3　西大寺食堂院跡の製塩土器

神　野　　恵

は じ め に

　孝謙太上天皇（称徳天皇）の発願によって，天平神護元年（765）から造営が始まった西大寺は，大規模寺院としては，平城京最後の大寺院である。しかしながら，平安時代以降，その衰退は著しく，現在では中心伽藍を含め，旧境内のほとんどが宅地化してしまっている（図1）。

　食堂院は旧境内の北東に位置する。現在の地図では，巨大なハブ駅である近鉄線大和西大寺駅から京都方面に延びる線路沿いにあたる。2005 年度にマンション建設に先立つ発掘調査〔奈良文化財研究所 2007〕で行った西大寺食堂院の発掘は，さまざまな予期せぬ発見をもたらした。

　宝亀 11 年（780）成立の『西大寺資財流記帳』に記載されている食堂院の堂塔の具体的な配置がわかっただけでなく，ここには記されていないような大規模な井戸や埋甕列が発見されたのである。さらに，この井戸の埋め立て土や周辺の堆積土からは，西大寺食堂院に関する多くの遺物が出土した。特に，井戸の埋土は，往時の様子を生々しく伝える，あたかも

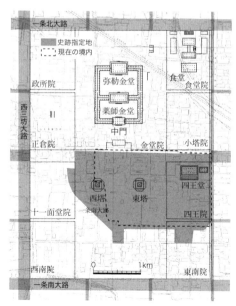

図 1　西大寺の伽藍復元図（8千分の1）

図2　西大寺食堂院井戸 SE950 出土製塩土器

タイムカプセルのようであった。

　古代の食堂らしく，須恵器や土師器がたくさん出土し，その中には「西寺」や「西大寺」といった墨書がされているものもあった（カバー裏写真）。土師器甕などの煮炊きに使う調理具も出土した。

墨書土器の中には，「西大寺　弥」と書かれたものもあり，弥勒金堂への供物を入れた器であった可能性が高い。さらに，驚くほど多くの奈良三彩も出土した。器の種類や大きさは，正倉院宝物のものと似ており，仏や聖僧に供物を供える仏飯具であろう〔神野 2019〕。こういったお供え用の食器も，基本的には食堂院で保管されていた可能性が浮上したのである。

　食堂院が仏や聖僧への供物や僧侶の食事を調理し，盛りつける場所であり，器を保管する場所でもあったことがわかっただけでも，きわめて興味深い発見だが，土器・陶磁器の研究者である私たちを最も驚かせたのは，膨大な量の製塩土器（焼塩土器）であった（図2）。

1　平城京の塩事情

木簡の塩と土器の塩

　平城宮・京の発掘調査では，塩の木簡と製塩土器が出土しており，木簡を付けて籠や俵で運ばれた塩と，製塩土器に詰めて運ばれた塩が混在したことがわかる。両者の違いは，生産地かあるいは塩の品質の差か，はたまた用途の違いか……さまざまな視点から研究が行われてきた。

　西大寺食堂院の木簡群には，食料生産に関わるさまざまな物資が運ばれているにもかかわらず，塩を運んだことを示す木簡はない（第3節）。塩木簡と製塩土器の興味深い関係が，西大寺食堂院からみえてくる〔奈良文化財研究

所 2013〕。

古代の塩の生産と流通

　ぐるり周囲を海に囲まれた日本列島の
人々は，はるか縄文時代の昔から，海水を
煮詰めて塩を得ていた。海水から固形の塩
を得るためには，海水から塩分濃度の高い
鹹水（かんすい）をえる作業（採鹹（さいかん））や鹹水を煮詰めて
結晶化した塩を採る作業（煎熬（せんごう））を経なけ
ればならない（図3）。ここで製塩土器とい
うのは，粗塩を詰めて塩を宮都に運び，そ
のまま焼塩にも使われた土器を指す。おそ

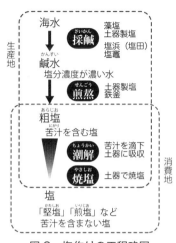

図3　塩作りの工程略図

らく輸送中に苦汁（にがり）は水分を吸って潮解（ちょうかい）し，土器に吸収されたことだろう。そ
れを加熱して水分を飛ばせば，苦汁分の少ないまろやかな塩を得られたとみら
れる。

　西大寺食堂院の井戸から見つかった製塩土器は，外面に煤（すす）がつくものがほと
んどであるから（図4），生産地か集積地か消費地か，どこで加熱されたかはは
っきりとわからないが，この容器で焼塩されたことは間違いない。

2　西大寺食堂院井戸 SE950 の製塩土器が物語ること

平城京で最多の出土量

　西大寺食堂院の井戸 SE950 から出土した製塩土器（焼塩土器）は総重量にし
て 337 kg にも及んだ〔神野 2013〕。整理用
コンテナの数でみれば，食器や調理具など
の，そのほかの土器類の総量とほぼ同程度
か，それ以上の数量である。平城京の発掘
調査においても，これほどの製塩土器がま
とまって出土したことはない。

　総重量 337 kg の製塩土器とは，どのく

図4　煤が付着した製塩土器

らいの点数なのだろうか。製塩土器の1個あたりの重さもまちまちなのだが、おおむね半分程度残るものから推測して、製塩土器の重さの平均値を仮に500g前後とすると、単純に積算しても674個体分に相当する。後で述べるが、製塩土器のほとんどは底付近が残っていないため、実際には軽く1,000個体を超える数量が西大寺食堂院には集められていたとみてよかろう。

　それぞれにどこまで塩が入っていたのかもよくわからないが、土器の容積自体は小さいものでもマグカップ、大型のものだとどんぶり鉢くらいの大きさである。つまり、相当量の塩が西大寺食堂院で消費されていたことを推し量ることはできよう。

製塩土器はどこから来たのか？

　この膨大な製塩土器は、どの地域から運ばれたのだろうか。考古学の出番である。奈良時代の塩生産に関わる遺跡、遺構が確認されている事例はそれほど多くないが、官衙や官道などから出土した製塩土器の研究は各地で進められており、考古学的手法を用いて比較することで、一定の生産地推定はできる〔近藤 1984〕。西大寺食堂院から出土した製塩土器をタイプ分類し、その重量比を図5に示した。

　生産地付近の資料との比較によって、産地を推定すると、5割強が紀伊から大阪湾にかけてのもので、4割弱が播磨地域、あとの1割は内型を用いて成形された砲弾形のもので、現時点では明確な生産地を特定できないが、瀬戸内海沿岸でも西よりの地域を想定しておきたい。

　単発的に北部九州から山口県あたりにかけて玄界灘、響灘、周防灘を中心に分布する筒形で型作りの六連式土器〔東 2004〕や、備讃地域の薄手の倉浦式土器〔岩本・大久保 2007〕などが確認できるが、いずれも少量である。

　つまり、圧倒的に多いのは紀伊～大阪湾と播磨ということになる。平安時代以降には白浜や赤穂など、塩作りの好適地に西大寺や東大寺などの有力大寺が荘園を持っていたことがわかっている。燃料が採れる山林資源である山が「塩山」や「塩木山」と記されており、まさに紀伊や播磨は「初期塩荘園」が想定される場所なのである〔西山 1977、岸本 1989〕。西大寺食堂院資料は大量生産、大量消費を直結するような塩の供給体制が確立していた可能性を示す資料

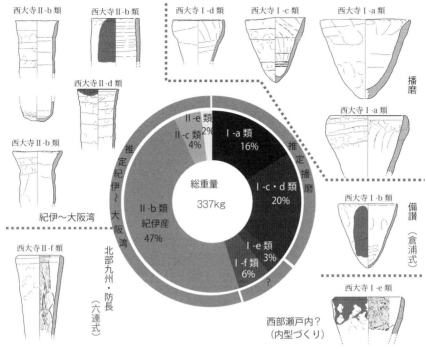

図5　西大寺食堂院の井戸から出土した製塩土器の推定生産地比率

としておもしろい。

　一方，六連式や倉浦式などが少量ながら含まれる点も興味深い。平城京から
みれば，やや遠方の塩も，製塩土器に入った状態で交易品として流通していた
可能性を示すからである。そういった交易品が，西大寺食堂院で消費された経
緯も，平城京における塩流通の実態の一端を示しているのであろう。

3　製塩土器が示唆する古代寺院の食堂の実態

製塩土器で運ばれた塩は何に使われた？

　井戸 SE950 の製塩土器は，出土した場所からみて，食膳に供するために使
われた塩であることは明らかである。西大寺食堂院の資料群が発見される前ま
で，製塩土器で運ばれてきた塩は食用であったのか？〔樋上 1986〕祭祀用では

ないか？〔岡崎 1984〕あるいは，質の悪い塩で工業用であったのではないか？〔岩本 1986〕といった議論がなされていた。

　確かに，天皇が住まい，朝政の場であった平城宮内では，製塩土器はあまり出土しておらず，逆に塩の荷札木簡がたくさん出土しているし，有力貴族であった長屋王の邸宅などでも塩の荷札木簡が出土している〔馬場 2013〕。一方で，庶民が暮らす平城京域では製塩土器が普遍的に出土しており，特に工房関係の遺物が出土する場所で，製塩土器が出土する場合が多い。そのため，何らかの工業用に塩が使われたのではないか？との指摘もあった。

　しかし，西大寺食堂院での出土状況は，土器に入れられた塩が食用あるいは食品加工用に用いられていたことを示す。祭祀用や工業用の可能性を排除するものではないが，基本的には食用あるいは食品加工用であったことを決定づけたといってよかろう。

古代寺院での塩の使われ方

　奈良時代において，食堂はまだ本来の機能を失っておらず，食事もまた修行の一つであった。僧侶は食堂に会して食事を摂っていたことを示すように，井戸からは供膳具も多く出土しており，先述の通り，なかには「西大寺」あるいは「西寺」と墨書が施されたものも多い（カバー裏写真）。また，この調査で出土した奈良三彩は，主要堂塔に安置された仏や聖者に供物を備える仏飯具とみられ，正倉院に伝来する奈良三彩と器種などの内容がきわめて近いことがわかっている。つまり，古代寺院の食堂は，僧侶の食膳や供物を作った場であり，僧侶が食した塩，供物を作った塩は，製塩土器によって運ばれたものが主体的であったことを示している。

　さらに，井戸 SE950 の東側には埋甕を伴う長大な建物が検出されており（第Ⅰ部第 5 章），ここでの保存食や醬などの調味料作りに，これら製塩土器で運ばれた塩が使われたと理解するのが最も整合的な解釈であると考える。先述のように，土器に詰めて運ばれた塩は，焼塩されていることから，ある程度は苦汁分を除去したものであったと考えられるが，どの程度まで苦汁を落とした塩であったのかは推測の域をでない。現代でも苦汁を含む塩で漬けたほうが漬物はまろやかになるといったコマーシャルやレビューなどを見かけるが，古代

の人々がどの程度の苦汁を含む塩を用いていたのか，興味が尽きないところである。

　ちなみに，先ほども少し触れたように，発掘調査で出土する製塩土器は，ほとんどが「底抜け」である。苦汁分を吸収した底部は，苦汁も「塩（えん）」であるから，塩類風化によって土に還った可能性がある。しかしながら，膨大な数の西大寺食堂院 SE950 資料でも底部付近の破片は，10 点に満たない程度で，水漬け状態であっても，こんなに残りにくいのか？という謎がある。苦汁を含む底部を水に浸せば，理論的には苦汁を得ることができる。また，砕いて土にまぜれば，三和土（たたき）（土，苦汁，石灰を混ぜた土で土間たたきに使われる）のように使うこともできただろう。考古資料の解釈は，古代の人々との知恵比べのようなものである。製塩土器の底部が出土しない謎や，調理や土木など，苦汁の利用がいつ頃から始まるのか？など，いつか発掘調査のデータから解明されることを期待しておこう。

おわりに

　西大寺食堂院井戸 SE950 の製塩土器資料は，古代寺院の食堂と，律令期の塩を考えるうえで，きわめて重要な情報をもたらした。都市を維持するうえで必要不可欠な塩の作り方，運び方，使い方のみならず，塩をめぐる経済活動について，文献資料や出土文字資料からは読み解けない部分を雄弁に語ってくれる考古資料である。これらの製塩土器資料のおかげで，平城宮・京・寺院から出土した製塩土器は，たとえ小片であっても，そこから抽（ひ）き出せる情報が飛躍的に増えたといえる。

　古代の「塩」そのものは残っていないわけであるが，幸いなことに製塩土器は現代に残りうる考古資料である。今後は既存の考古資料の見直しを含めた古代の塩研究にいっそう努めたい。

参考文献

東哲志 2004「六連島式土器小考―長門国（山口県西部域）出土例を中心に―」『福岡大学考古学論集―小田冨士雄先生退官記念―』

岩本正二 1986「7〜9世紀の土器製塩」『文化財論叢』奈良国立文化財研究所，同朋舎

岩本正二・大久保徹也 2007『備讃瀬戸の土器製塩』

岡崎晋明 1984「近畿地方の内陸部より出土の製塩土器」『研究紀要』第 1 集（財）由良大和古代文化研究協会

岸本雅敏 1989「西と東の塩生産」『古代史復元 9　古代の都と村』金子裕之編、講談社

近藤義郎 1984『土器製塩の研究』青木書店

神野恵 2013「都城の製塩土器」『第 16 回古代官衙・集落研究会報告書　塩の生産・流通と官衙・集落』奈良文化財研究所研究報告第 12 冊

神野恵 2019「奈良時代寺院出土の鉛釉陶器—西大寺食堂院資料の再整理を中心に—」『奈良時代鉛釉陶器および鉛釉瓦磚の基礎的研究』平成 27 年度〜平成 30 年度科学研究費基盤研究 C（代表：今井晃樹）研究成果報告書

第 21 回播磨考古学研究集会実行委員会 2020『製塩土器からみた播磨』

奈良文化財研究所 2007『西大寺食堂院・右京北辺発掘調査報告』

奈良文化財研究所 2013『第 16 回古代官衙・集落研究会報告書　塩の生産・流通と官衙・集落』奈良文化財研究所研究報告第 12 冊

西山良平 1977「奈良時代「山野領有」の考察」『史林』60-3

馬場基 2013「文献資料からみた古代の塩」『第 16 回古代官衙・集落研究会報告書　塩の生産・流通と官衙・集落』奈良文化財研究所研究報告第 12 冊

樋上昇 1986「3　都城出土の製塩土器—8 世紀代の固型塩の用途をめぐって—」『平城京左京三条四坊十二坪発掘調査報告』奈良県立橿原考古学研究所

4 西大寺食堂院の大井戸と給食用の食器

森 川 実

はじめに

　天平宝字年間の東大寺写経所では，奉写二部大般若経書写の時（天平宝字6・7年〈762・763〉）を典型とするように，おもに陶器（須恵器）の食器を用いていたと考えられる〔森川 2019〕。筆者が考えたような須恵器のみ，または須恵器主体の食器構成は，まだ考古学的に確認できていないが，そのような食器構成が実在したことは，史料上の確かな事実である。東大寺写経所で須恵器が多用されたのは，食器としての堅牢さが重視されたからで，土師器食器の使用頻度は少なかったのであろう。

　しかし平城宮で出土する土器を用いて，東大寺写経所の食器構成を復元しようとすると，思わぬ問題に突き当たることになる。それは平城宮出土の土器群では，その同時代の須恵器食器がよくわからない，ということである。そこで出土する奈良時代後半の食器は，おもに土師器である。例えば，天平宝字6年頃の木簡を伴う平城宮土坑 SK219 の土器群のうち，杯蓋を除く須恵器食器は14個体で，食器全体（283個体）の4.9％にすぎない〔奈良国立文化財研究所 1962〕。同様に，宝亀年間の基準資料とされてきた土坑 SK2113 の土器群においても，須恵器食器は49個体で，食器（311個体）の15.4％にとどまる〔奈良国立文化財研究所 1976〕。近年，宝亀2・3年（771・772）頃の木簡を伴う土器群として，東方官衙地区の土坑 SK19189・19190 の出土資料〔今井ほか 2009〕が増えたが，ここでも須恵器食器は少数派で，土師器食器のほうが圧倒的に多い。つまり奈良時代後半の須恵器食器は，ここ平城宮では断片的にしか見えてこない。

　したがって，天平宝字・宝亀頃の須恵器食器について何か知りたければ，限

られた土器群から数少ない須恵器を掻き集めてきて，疑似的に再構成する必要がある。しかしそれにしても，標本の不足は否めない。実のところ，宝亀3・4年頃の告朔解案に頻出している「陶枚坏」がいかなる須恵器食器であったか，これだけではよくわからないのである。奈良時代後半から末にかけての須恵器食器を，もっと集めねばならない。

西大寺食堂院では，平城京のなかでも最大級の井戸 SE950 が見つかっており，井戸枠内からは延暦年間の土器が多数出土している。東大寺写経所が活動していた時代よりは少し新しいが，ここでなら須恵器の食器構成を再現できる可能性がある。この土器群を分析すれば，その候補が見つからない「陶枚坏」の考定ができるようになるかもしれない。こうして筆者は，SE950 出土土器の計量と分析とを行うことにしたのである。

1　西大寺食堂院 SE950 出土の食器

平城第 404 次調査（2006 年）で検出した井戸 SE950 は一辺約 2.3 m の大井戸で，井戸枠内からは土師器・須恵器・施釉陶器（奈良三彩および緑釉単彩陶器）とともに大量の製塩土器が出土した。伴出した木簡の年紀は延暦 5・10・11 年（785～792）で，出土土器は奈良時代末から長岡京期にかけての良好な資料である〔奈良文化財研究所 2007〕。平城宮土器編年でいえば，平城宮土器Ⅵの基準資料となる。以下，考古学上の器種名（杯 A・杯 B など）と，正倉院文書にみえる古器名との対応関係を整理しつつ，古代の食器構成を再現したい。

土師器の食器構成

井戸枠内から出土した土師器には杯 A，杯 B とその蓋，皿 A，皿 C，椀 A，椀 C，高杯，壺 B，壺 E，甕 A がある。その食器類のうち，主体を占めているのは椀類（椀 A・椀 C）と皿類である。椀 A（図 1-1～11）は実測値で口径 125～140 mm のレンジを占め，口径 155～175 mm のレンジを占める皿 AⅡ（図 1-12～14）も多い。椀 A と皿 AⅡの優占という食器構成の特徴は，奈良時代後半から末にかけての平城宮出土器でも確認できる。例えば平城宮 SK219（天平宝字 8 年〈764〉頃）や SK19189・19190（宝亀 3 年〈772〉頃），および SK2113

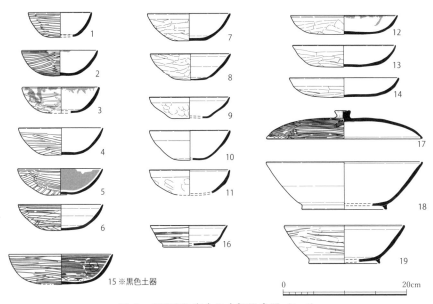

図 1　SE950 出土の土師器食器（1：6）

（宝亀年間）出土土器では，土師器椀 A と皿 A II が量的に優勢で，土師器食器のなかでも半数以上を占めている。後述するように，椀 A は土窪坏，皿 A II は土枚坏にあたり，どちらも宝亀年間の奉写一切経所関連文書に頻出する器種である。SE950 出土土器のなかでは存在感が薄いものの，土師器杯 A は土片塊ないしは土鋺形に，皿 A I は土盤に対応する。有台の杯 B は大小いくつかが出土している（図 1-16・18・19）が，奉写一切経所関連文書では土水坺と書かれたものにあたると考えられる。

　以上を整理すると，SE950 出土の土師器食器は杯 A I ＋皿 A II ＋椀 A ＋皿 A I からなり，土鋺形＋土枚坏＋土窪坏＋土盤という四器構成を復元できるが，ここで土鋺形はほぼ欠如している。土水坺（有台・有蓋）の出現頻度が少ないのは，奈良時代後半から末にかけての土器群では通有の傾向である。

須恵器食器の法量区分

　西大寺食堂院の発掘調査報告書〔奈良文化財研究所 2007〕によれば，須恵器には杯 A，杯 B とその蓋，皿 A，皿 C，鉢 D，壺 A 蓋，浄瓶，甕 A などが

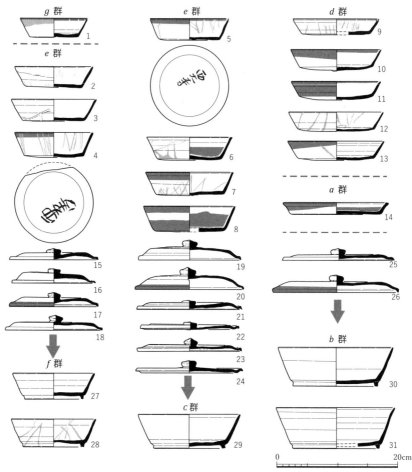

図2　SE950出土の須恵器食器（1：6）

　ある。食器には杯A，皿Aおよび皿Cが多く，杯Bが少ないわりにその蓋が
多い（図2）。その大部分が井戸枠内の埋土下層にあたるd木屑層と，その直
下のe層から出土している。

　ところで，考古学的符牒としての杯A，杯B……は，古代の器名とは無関係
である。そこで当時の食器構成を明らかにするために，SE950出土の須恵器食
器について口径と器高との相関を散布図に示し，aからgまでの7群を識別し

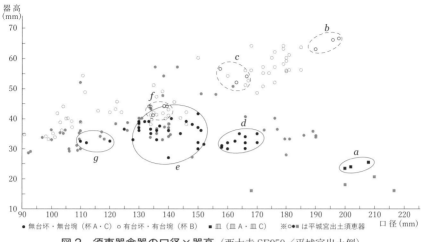

図3　須恵器食器の口径×器高（西大寺 SE950／平城宮出土例）

た（図3）。このうち a 群は大口径で扁平な器形の食器（図2-14）で，考古学分類の皿に属し，古代の陶盤にあたる。考古学上の杯には無台の杯 A（図2-1～13）と有台の杯 B（図2-27～31）との2種類があり，前者のほうが多い。無台杯は大きい順に d 群・e 群・g 群を識別した。いっぽう，有台杯は口径190～200 mm の b 群，160～170 mm の c 群，130～140 mm の f 群からなり，相互に離散的である。また，杯蓋（図2-15～26）もこれらに見合う大きさで3群に区別でき，それぞれ b・c・f 群に対応している。つまり有台杯は，これまで考えられてきたように有蓋食器でもある。これらのうち，大口径で深形の b 群は麦埦<ruby>埦<rt>むぎ</rt></ruby>にあたるとみられ〔森川 2020・2021〕，正倉院文書では陶埦と書かれることが多いものである。そこで a 群（陶盤）と b 群（陶埦）との残余が，いかなる古器名に対応するかがここでの論点となる。

　天平宝字年間の写経所文書にみえる頻出器名との比較でいえば，小口径の g 群が 饗<ruby>饗<rt>あえもの</rt></ruby>坏ないしは塩坏に対比でき，b 群と g 群との中間にある e・f 群あたりを 羹<ruby>羹<rt>あつもの</rt></ruby>坏(1)にあてておくのが一案である。しかしこの案では，他の群から離散的に区別できる d 群が，どうしても余ってしまう。図3の背景に示したように，この一群は平城宮出土の須恵器（8世紀後半から9世紀初頭）と比較しても，固有のレンジを占めている。換言するならば，これら d 群にあたる無台で浅形の須恵器食器は，平城宮ではあまり出土していない。

火襷と重焼痕

　SE950 出土の須恵器食器に限らず，西大寺食堂院で出土したそれらには２つの特徴がある。一つは内外面に火襷がかかること。そしてもう一つは，口縁端部付近に重焼痕が認められることである。火襷とは窯変の一種で，須恵器の内外面に残る細い数条の線状帯を指す。須恵器の場合は，地色とは異なる茜色から黒色に発色する（図4）。これは須恵器同士の溶着を防ぐために挟んでおいた藁が，須恵器食器の内外面に焼き付いた痕跡である。したがって，内外面に火襷がかかる須恵器は，積み重ねた状態で焼かれたものである。また，ここでいう重焼痕は口縁端部の内外が地色とは異なる発色を見せるものを指し，灰白色の素地に対して，黒色の帯が口縁部を一周したものがその典型である。ただし，重焼痕の発現は個体差が大きく，色調差がかなり明瞭な個体もあれば，地色との差がかすかな個体，あるいは重焼痕が完周しない個体もある。

　火襷と重焼痕は平城宮・京出土の須恵器でも観察できる特徴だが，SE950 出土土器ではその出現頻度がかなり高い（図5）。SE950 出土の須恵器の場合，「杯 A」こと無台坏（n＝45）で内外面のいずれかに火襷があるものは33点（73.3％）を数える。また，重焼痕はやや不明瞭な例も含めると36点（80.0％）で確認でき，火襷や重焼痕をともに認めない個体はわずか２点（4.4％）にすぎない。これに対し，平城宮 SK19189・19190 出土の無台杯（n＝19）では，火襷・重焼痕の出現率はそれぞれ 15.8％・57.9％ で，火襷が少ない傾向がある。平城宮土坑 SK820 出土の無台杯（n＝57）では，火襷の出現率は 57.9％ を占め

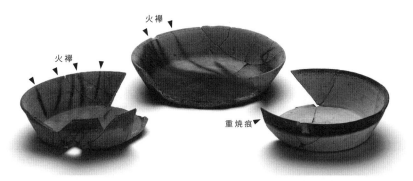

図 4　火襷と重焼痕ある須恵器食器（西大寺 SE950 出土）

たが，重焼痕を認めた個体は28.1％にすぎない。また二条大路濠状土坑 SD5100 の無台坏（n＝84）では，火襷・重焼痕の出現率はそれぞれ 59.5％・60.7％ であったが，いずれも SE950 出土の同類よりは低い。

　西大寺食堂院で出土した須恵器杯 A が，無台かつ無蓋の食器であったことは，これで明らかであろう。またこれ

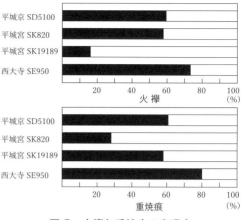

図5　火襷と重焼痕の出現率

らの無台坏には，焼成が不良で軟質に焼きあがり，白色を呈するものが多い。そこで考えられるのが，西大寺の無台坏は柱状に積み上げたうえで，須恵器窯の窯尻のほうで焼いた量産品であったということである。蓋と身とを合わせて作る必要がない無蓋食器は，こうして焼成された[2]。そしてその焼成時に生じた痕跡が，それらには蓋がなかったことを端的に教えているのである。

　これに対し，「杯 B」こと有台坏のほうは，大口径で深形の杯 B I（埦）から中小の坏にいたるまで，火襷を認めるものは 1 点に限られる。外面には灰がかかるが，内面にそれがみられないことから，これら杯 B は蓋と身とを交互に重ね合わせた状態で焼かれたのであろう。全体に焼きが甘い印象がある杯 A に比して，杯 B は堅緻に焼きあがっている。杯身と杯蓋との対応関係からみても，有台坏は「合」で数える有蓋食器であったとみるのが自然である。

無蓋食器の優勢

　ここで何が重要かといえば，それは天平宝字年間の東大寺写経所や，宝亀 3・4 年頃の奉写一切経所で用いられた陶器（須恵）のほとんどが，「口」で数える無蓋食器であった，ということである。これに漏れるのは「合」で数えることが多い陶坏くらいしかない。つまり，無蓋食器が大多数を占めているSE950 出土の須恵器は，同じく無蓋の陶を多用した東大寺写経所の食器構成

を再現するうえで，大いに参考になるはずである。

　なお SE950 では，井戸枠内の埋土下層（d 木屑層および e 層）から「西寺」「西大寺」と書かれた墨書須恵器が 20 点出土している。これら墨書は，その食器が西大寺に帰属していることを示しているに違いない。その報告書ではSE950 出土の墨書土器が「食器の管理や配膳の制度といった食堂院全体の理解に関わる問題」（奈良文化財研究所 2007，p.26）を提起していると述べている。

2　東大寺写経所における食器の入手と消費

　西大寺食堂院 SE950 から出土した土器から，そこで用いられた食器構成を復元するためには，正倉院文書に垣間見える食器の器名に関する知識が欠かせない。また，正倉院文書の頻出器名がそれぞれどのような土器であったかを考定する時にも，奈良時代後半から平安時代初頭にかけての土器群が必要である。そこで天平宝字年間の東大寺写経所や，宝亀年間の奉写一切経所で用いられた食器と，平城宮・京出土の同時代の土器群とを比較してみよう。

二部大般若経書写
　東大寺写経所では，天平宝字 6 年（762）12 月からおよそ 4 ヵ月の間，奉写二部大般若経の写経事業が実施された。少僧都慈訓の宣で始まったこの事業では，12 月 16 日付で最初の予算書案が作成され，調綿を売って得た資金で資材を購入し，閏 12 月から書写を開始した。二部大般若経の書写は翌 7 年 3 月下旬には完了し，4 月には決算報告書がつくられた。

　写経所文書の中には，この事業で使用された資材の請求と収納にかかる一連の史料が残っている。このうち，予算書案である「奉写二部大般若経用度解（案）」（『大日本古文書』16-59〜68）では，給食用の食器として大笥＋陶水埦（おおけ）＋片埦＋坏＋塩坏＋佐良（さら）（6 種類）を計上していた。その収納帳簿である「奉写二部大般若経料雑物納帳」（『大日本古文書』16-129・130，5-300〜306・16-121〜129）によると，この時の食器は市で購入したもので，その内訳は陶埦・陶片埦・陶羹坏・陶盤が各 100 口，陶塩坏が 90 口とあり，すべて陶器（須恵器）であった。その決算報告案にあたる「東大寺奉写大般若経所解」（『大日本古文

書』16-376〜382）でも大筒 60 合，陶埦 100 合，陶片埦 100 口，陶羹坏 100 口，陶塩坏 90 口，陶盤 111 口を数えており，土師器を用いた形跡はみえない。筆者が東大寺写経所において，陶器の食器がおもに用いられたと考えるのは，こうした理由による。なお，陶盤 100 口が決算時に 111 口に増えている点を除けば，事業期間中に雑器の補充はほとんどなかったことになる。

始二部一切経書写

　天平宝字 8 年に実施した大般若経の書写を最後に，東大寺写経所での写経事業は行われなくなる。しかし，神護景雲 4 年（770）6 月には奉写一切経所という事業所名で活動を再開し，五部一切経の書写が始まった。一連の写経事業は先一部，始二部，更二部からなる。このうち，始二部は初め内裏系統の奉写一切経司が実施したが，西大寺写経所での作業を取りやめ，宝亀 2 年（771）10 月頃に一切経を西大寺から奉写一切経所へ移動させたうえで，奉写一切経所がこの事業を引き継いだものである（図 6 の矢印 a）。そして食器を含む資材の種類と員数は，宝亀 3 年 2 月から宝亀 4 年 6 月の告朔解案などに頻出する。

　始二部一切経書写を実施するにあたり，奉写一切経所がどのようにして食器を入手したかを見よう。宝亀 3 年 2 月の時点で，奉写一切経所は奉写一切経司から，その写経料としてさまざまな器物・資材を現物で入手している（図 6 の矢印 b）。同年 2 月 6 日付の「奉写一切経所請物文案」（『大日本古文書』19-244〜247），および同年同月の「奉写一切経所解」（『大日本古文書』19-319〜321）には，奉写一切経司から譲渡された土師器・須恵器の食器名とその員数とが見えており，それらは同年 3 月から宝亀 4 年 9 月までの月々の告

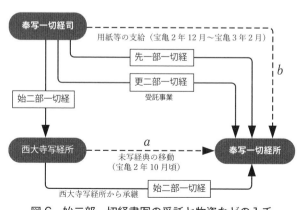

図 6　始二部一切経書写の受託と物資などの入手

朔解案で逐次，器種別の残口数がわかる。このため，上記の史料群は月ごとの器種別消費量がおおむね明らかであるという点で，古器名研究上の重要史料といえるわけで，優れた先行研究もある〔田中 1966〕。

　始二部一切経書写の時，宝亀3年2月時点で奉写一切経所が保有していたのは土鋺形150口，土水埦30合，土片坏1,030口，土窪坏960口，土盤120口と，陶枚坏1,221口，陶盤46口である。一見して土師器のほうが多く，須恵器主体であった天平宝字6年頃の食器構成とは大きく異なる。この後，宝亀3年の間で残口数が判明するのは8月と12月末に限られるが，宝亀4年正月から9月までは月ごとに食器の用口数がわかる。なお土片坏は，宝亀4年正月からは告朔解案のなかで「土枚坏」と表記されるようになっている。両者は同じ種類の食器を指していたはずである。

　土師器食器のなかでその数が多く，また消耗が激しいのは土片坏（土枚坏）や土窪坏である。これらとは対照的に，土水埦はあまり減っていない。その在

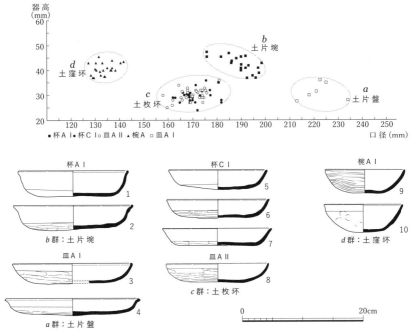

図7　奈良時代後半の土師器食器とその法量区分（平城宮 SK19189・19190）

庫がもともと少ないうえに，宝亀4年9月までに卸した数もわずか18合にとどまっている。つまり土水坏は，使用頻度が極端に少ないのである。土水坏は合で数える有蓋食器で，奈良文化財研究所では土師器杯Bと呼んでいる。実用食器のなかで坏類にあたるのは無蓋の土鋺形や土片坏であったとみられ，これに枚坏，窪坏，盤（佐良）をくわえてせいぜい四器とするのが穏当であろう。平城宮出土土器でこの四器構成を再現すると，図7の通りとなる。

土師器か，それとも須恵器か

奉写二部大般若経書写事業と，始二部一切経書写事業とでは，食器の入手過程が大きく異なる。前者は調綿を売却して得た資金で，食器を市で購入したものであるのに対し，後者の食器は上級官司が一括で支給したものであった。そしてこの違いは，陶器中心か，それとも土師器主体かという，根本的な違いを生むことになる。当然，食器としての使い方にも，何らかの差が生じたであろう。さて西大寺食堂院の食器は，どちらに近いであろうか。

図8に掲げる通り，平城宮では土師器食器が優勢である。SK820や東楼SB7802柱抜取穴の土器群では，土師器は50％強から70％を占めている。SK219やSK2113出土の土器群にいたっては，その割合は90％前後に跳ね上がる。しかし同じ横棒グラフで，法華寺造金堂所や東大寺写経所（奉写二部大般若経書写時）の食器の組成と比べてみると，須恵器の割合は前者で60％，後者では100％となり，平城宮との違いが顕著である。奉写一切経所の例では土師器の方が多いが，これは上級官司が保有する食器のなかでの，陶器と土師器とのバランスをそのまま反映したものであろう。実業部門の事業所では，須恵器の食器を用いることが多かった，との印象が強くなる。

ここで西大寺SE950出土の食器について，土師器と須恵器との比率を見ておこう。口縁部が6分の1以上残存する個体の計数に基づくと，土師器が約48％，須恵器が52％で，須恵器のほうがわずかに多い。須恵器の割合は造金堂所のそれに次ぎ，かつ平城宮のいかなる土器群よりも高い。特に平城宮SK219や同SK2113出土土器のような，土師器主体の土器群とは対照的である。土師器・須恵器の構成比に関していえば，西大寺SE950出土の食器は法華寺造金堂所や東大寺写経所に通じる部分がある。さらにこの土器群では，須

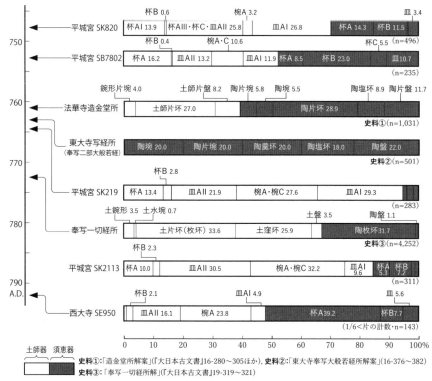

図8　平城宮出土土器・正倉院文書にみえる食器の組成（奈良時代後半）

恵器の無台坏と有台坏との比率はおよそ5：1である。前者は無蓋食器でもあるから，その優勢は東大寺写経所や法華寺造金堂所の様相と同じである。以上を勘案すると，奉写二部大般若経の書写時ほどではないが，西大寺の給食でも，須恵器の無蓋食器が標準的に用いられた可能性がある。

陶 枚 坏

　今回の分析を経ることで，宝亀年間の奉写一切経所で多用された陶枚坏という器種がいかなる食器であったか，そのイメージがほぼ固まった。SE950出土の須恵器食器でいえば，それは口径160〜170 mm，器高30〜35 mmの無台坏（図3のd群）で，ほぼ同じ法量の土師器皿AⅡこと土枚坏とは，実用上の同一器種であろう。陶枚坏はここ西大寺食堂院において，ようやく一群として認

識することができた。

　冒頭で述べたように，奈良時代後半の平城宮では須恵器食器が少なすぎて，陶枚坏と目される須恵器食器をほとんど検知できなかったのである。平城宮の土器群を参考にしつつ，陶枚坏を多用した奉写一切経所（宝亀年間）の食器構成を再現しようとする試みは，一部で無理があったと思われる。西大寺の土器群を用いて再考したところ，陶枚坏問題がたちまち氷解したのは，この土器群と写経所の食器構成とに共通する何かがあるからである。

　なお SE950 では，土師器・須恵器のほかに奈良三彩や緑釉単彩陶器が出土している。これらは給食用の食器というよりは，むしろ仏前具と考えるべきであろう。いかにも古代寺院らしい陶器の一群である。

お わ り に

　最後に，古代の給食における須恵器食器の優越性について，少し考えておこう。東大寺写経所や法華寺造金堂所において，給食用の食器に須恵器が多用されたのは，まさにその耐用性のゆえであろう。例えば養老営繕令瓦器経用条には「凡瓦器。経レ用損壊者。一年之内。十分聴レ除二二分一。以外徴墳」とあり，「瓦器」（須恵器の食器）の損耗を年間 20％ までと定めている。これに対し，『令集解』では古記の引用で，「陶器全難レ破。土器稍安レ壊。未レ知。如何合二同等一」とあり，陶器よりも壊れやすい「土器（土師器）」にも，この基準を適用するかが問われている。この問いからは，陶器（須恵器）のほうが割れにくく，土器（土師器）は壊れやすい，(3)という認識があったことがうかがえる。

　給食用の食器には，繰り返し使用できる程度に壊れにくい須恵器のほうが向いている。だから天平宝字年間の東大寺写経所では，市で購入した食器のすべてが須恵器であったのである。食器を人数分用意し，一人ずつに支給して長く使わせる。頻繁な交換は行わない。このような「食器使い」の現実的感覚や論理は，東大寺写経所ほどではないにせよ，西大寺食堂院の食器構成にも当てはまる可能性がある。

　しかし，平城宮の食器は圧倒的に，土師器優勢であったことも忘れてはならない。この背反性は，今後どのように解釈すればよいだろうか。すでに紙数は

尽きているし，その考究は本書の主題とは無関係である。この問題は，別の機会を得てあらためて論じることにしたい。

註

(1)　羹坏は天平宝字年間の写経所文書に頻出する器名で，奉写二部大般若経の書写時には陶器（須恵器）であったことが判明している。土師器の羹坏が実在した証拠は見えないから，ここでは須恵器に固有の器種と考えておく。

(2)　須恵器の消費地では，食器の表面に残る痕跡から窯詰めの状態を復元し，あるいはそれに見合う大きさの杯蓋がないことを計量的に確認するなどして，無蓋食器を特定する必要がある。そしてこのことは，杯Ａこと無台食器が無蓋であることが多い平城宮・京出土の須恵器食器にも当てはまる。

(3)　この事例を参考にすると，土師器と須恵器との量比は，両者の消耗―交換サイクルの違いによって，最初から歪んでいる可能性がある。例えばSE950出土の食器のように，土師器と須恵器とがほぼ拮抗している時は，長持ちする須恵器の個体数が低く抑えられ，土師器の存在感が強調されている，という可能性がある。

参考文献

井上光貞・関晃・土田直鎮・青木和夫 1976『律令』日本思想大系，岩波書店

今井晃樹・神野恵・国武貞克・渡邉晃宏・大林潤 2009「東方官衙の調査―第429・440次―」『奈良文化財研究所紀要 2009』奈良文化財研究所

黒板勝美編 1957『新訂増補国史大系　令集解』吉川弘文館

田中琢 1966「土器はどれだけこわれるか」『考古学研究』12-4，考古学研究会

奈良国立文化財研究所 1962『平城宮発掘調査報告』Ⅱ

奈良国立文化財研究所 1976『平城宮発掘調査報告』Ⅶ

奈良文化財研究所 2007『西大寺食堂院・右京北辺発掘調査報告』

森川実 2019「奈良時代の坏・坏・盤」『正倉院文書研究』16，正倉院文書研究会

森川実 2020「麦坏と素餅―土器からみた古代の麺食考―」『奈文研論叢』1，奈良文化財研究所

森川実 2021「写経生はいかにして麺を食したか？」三舟隆之・馬場基編『古代の食を再現する―みえてきた食事と生活習慣病―』吉川弘文館

5 西大寺食堂院跡出土の甕

小田 裕 樹

は じ め に

　日本古代の代表的な焼き物として須恵器と土師器がある。このうち，須恵器はロクロを使用して製作する。また閉塞可能な窖窯を使用し高熱で還元炎焼成を行うことにより，堅く焼き締まるという特徴が得られる。このような特徴を持つ須恵器は，大型の製品を製作することが可能となり，大量の液体や内容物を貯蔵することを可能とした。考古学において須恵器「甕」と呼ぶ土製品は，古代では大型貯蔵容器としてその機能を果たしていた。

　西大寺が所在する平城京は奈良時代の政治・文化・経済の中心地であり，大量の人口を有するとともに各地から大量の物資が運び込まれ，消費された。これらの大量消費に備えて平城京では，保管・貯蔵のために須恵器甕が重宝されていたと考えられる。また，須恵器甕は液体などの貯蔵のみならず醸造・発酵のための容器としてもその機能を果たしていたと想定される。

　古代の須恵器甕に関する研究は少なく，出土資料の実態について十分に明らかになっていない部分も多い。しかしながら西大寺食堂院の発掘調査成果から食の再現を試みる本シンポジウムの目的を果たすために，平城宮・京から出土した須恵器甕を考古学的に検討することには意義がある。

　本稿では，奈良時代の都であった平城宮・京の須恵器甕の特徴を整理し，発掘調査で明らかになった西大寺食堂院の須恵器甕と甕を使用する施設の検討を行う。これらの検討を通じて，西大寺食堂院の食の実態に迫りたい。[1]

1 平城宮・京出土の甕

先 行 研 究

　古代の須恵器甕など貯蔵容器を扱った研究史を整理する。関根真隆は「正倉院文書」や『延喜式』などの文献史料を中心に，食器・食事具など古代の食文化全般に関わる考証を行った。関根は須恵器甕を含む貯蔵具についても各史料を提示し，器名と用途についての特徴を整理した〔関根 1969〕。巽淳一郎は，平城宮・京出土須恵器甕を対象に，容量・形態の分析を行った（図1）。そして，文献史料にみられる容量との対応関係から甅（ミカ）・𤭯（サラケ）・正（ホトギ・モタイ）・由加（ユカ）の関係を整理し，出土甕の器名と用途の比定を行った〔巽 1995〕。また，上村憲章は宮都出土甕を中心に容量の復元を行い，古代から中世にいたる甕には 40 L 前後以下の小型の甕が圧倒的に多く，200〜300 L の大型の甕と 50〜100 L 程度の中型の甕があること，これらは据え置きの大型・中型甕と持ち運び可能な小型の甕という組成がみられることを明らかにした〔上村 1999〕。

　これらの研究により，古代の須恵器甕は器形とサイズにより複数の規格があり，それぞれ使い分けられていたことが明らかにされている。

　須恵器甕については，消費地である平城宮・京と生産地との関係についての研究も進められている。木村理恵によると奈良時代後半に和泉陶邑窯における甕の生産体制が変質する。これは平城京内における消費動向および流通体制が変質したことと関連づけられている〔木村理 2018・2019〕。

　また，平城宮・京や長岡京では須恵器甕を地面に据え付けた痕跡と考えられる土坑列（甕据付穴列）やこれに関わる建物（甕据付建物）が検出されている〔木村泰 1999・2019，玉田 2002〕。特に，玉田芳英は平城宮造酒司をはじめとする平城宮・京の甕据付建物を分析し，奈良時代後半に建物数が増加すること，醸造・貯蔵量が飛躍的に増加していることを指摘した〔玉田 2002〕。

　以上の研究を踏まえつつ，筆者は古代宮都出土須恵器甕の出土傾向という基礎的な情報の整理が不十分であることを指摘し，各宮都の須恵器甕の出土状況や分布・組成などの基礎的な整理を行った〔小田 2019〕。次にその概要を述べる。

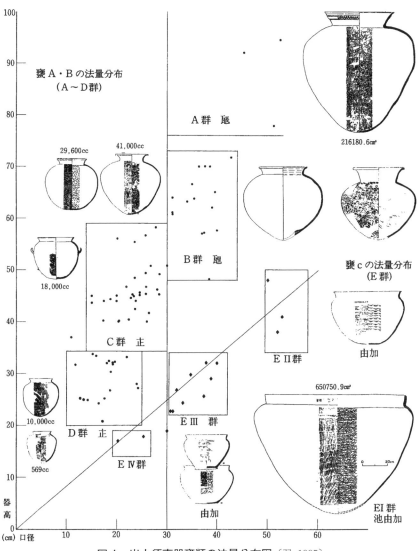

図1　出土須恵器甕類の法量分布図〔巽 1995〕

平城宮・京出土須恵器甕の特質

　平城宮・京の須恵器については奈良文化財研究所の器種分類案がある〔神野 2005, 神野・森川 2010〕。須恵器甕は甕A・B・Cの3器種に分類されているが, 筆者は甕Aと甕Bを古墳時代以来の大甕の系譜を引く甕（甕AA）と古代の普遍的な形態である甕（甕AB）に再分類した〔小田 2019, 図2〕。この再分類を踏まえて飛鳥・藤原地域および平城宮・京の宮都出土甕の様相を整理し, 古代宮都出土甕の特質として以下の点を抽出した。

　①　甕の体部形態にバリエーションが少ない一方, 容量による複数の規格が存在する。

　甕ABは口縁部・口縁端部の形態をみると多様なバリエーションが存在するが, 体部形態に大きな違いはみられなかった。また, 器高には複数のまとまりが認められ, これは器高の違いとして反映される「容量」の違いに意味があると考えられる。ここから「複数の容量規格」が存在していたことが見いだせる。多様な口縁部形態などのバリエーションについては, 甕の生産地の多様性を意味すると同時に, 貯蔵する内容物や使い方に応じた製作などさまざまな要因により生じていたと推測する。

　②　水甕に比定される甕Cが多く出土する。

　広口で頸部が短い甕Cは古代宮都の成立とともに出現・定着する器種である。出現期の甕Cは飛鳥宮とその周辺で出土しており, 飛鳥浄御原宮期には宮殿内で多数の甕Cを使用していたことがうかがえる〔小田 2019〕。また, 平城京出土甕Cをみると, 法量（容量）分化が顕著にみられ, 平城宮や貴族邸宅が多い平城京北部で大型甕Cが分布し, 小規模宅地の多い南部域では大型甕Cは少なく, 小型甕Cの出土が目立つ。また, 藤原宮・平城宮の甕Cと飛鳥地域・藤原京・平城京の甕Cを比較すると, 藤原宮と平城宮で大型の甕Cが顕著にみられた。

　この甕Cは主たる用途として貯水容器＝水甕に比定されており〔巽 1995〕, 平城京 SD5100 出土甕Cの外面には「水」の墨書がある。甕Cを水甕とみて宮都における出土傾向を解釈すると, 甕Cの出土は宮都への人口集中が生じたことに起因する, 宮都生活者の「水の確保」の問題を反映していると考えられる。

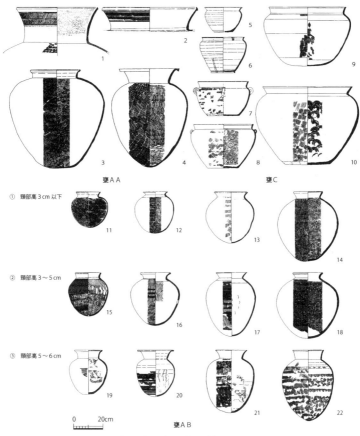

甕AA　甕C

① 頸部高 3 cm 以下

② 頸部高 3〜5 cm

③ 頸部高 5〜6 cm

0　　20cm

甕AB

図2　宮都出土須恵器甕の各器種〔小田 2019〕　1 : 25

③　出土遺跡・遺構の性格により甕の組成が異なる。

大型・超大型甕 AA は平城宮や京内の特定の場所に分布が偏ることから，大容量の甕による貯蔵物・内容物の集約的管理が行われていたことがうかがえる。一方で，小型・中型の甕 AB については平城宮・京から普遍的に出土するが，遺跡・遺構によって容量による組成の違いが認められる。古代宮都では汎用性の高い甕 AB を容量に応じて複数使用する方法が一般的な甕の使用のあり方といえ，特定の形態・サイズをもつ大型甕 AA や甕 C は醸造・発酵や大量の貯水などの目的に応じて使用されていたものと考えられる。これは甕に期待

された容量・機能の違いを前提として，各遺跡・遺構の性格の違いと深く相関していたことを示唆している。

　以上から，古代の大型貯蔵容器である須恵器甕は「容量の確保」という貯蔵容器の本質的機能が最優先され，結果として似通った形態で製作されていた可能性が考えられる。そして，複数の容量に分化する特徴は，宮都での生活に際して内容や規模に適した貯蔵容器の確保が必要であり，その需要に応えるために「複数の容量規格」の甕が多様な生産地から搬入されたことを意味する可能性がある。

　これは同じ須恵器でも使用場面や内容物に対応してさまざまな形態・容量をもつ器種が製作された食膳具（杯・皿・椀類）や小型貯蔵容器（壺・瓶類）とは異なる特徴である。

　これらの特質を踏まえつつ，次に西大寺食堂院の甕について検討したい。

2　西大寺食堂院の甕

甕据付穴列 SX930 と出土甕

〈甕据付穴列 SX930〉

　西大寺食堂院跡の発掘調査により，大型の井戸 SE950 をはじめ食堂院の諸施設に関わる遺構群を検出した〔奈良文化財研究所 2007〕。このうち井戸 SE950 の東方で甕の底部が遺存する甕据付穴列 SX930 を検出した。これは，甕を据える際に安定させるために地面を掘りくぼめた穴が一定間隔の列状で並ぶ土坑群である。SX930 の北方では，奈良市教育委員会の調査により SX930 と同一の甕据付穴列を 28 基確認しており（SX03）〔奈良市教育委員会 2006〕，これらを合わせると東西 4 基，南北に少なくとも 20 列の合計 80 基以上の甕が約 1.5 m 間隔で整然と並んでいたと推定される（図 3）。

　甕据付穴列 SX930 の周囲では，基壇土と推定される積み土が西は南北方向に並ぶ凝灰岩列 SX935（奈良市調査の SX05）まで，東は南北溝 SD931〜934（奈良市調査の SD02）付近まで確認されている。SX930 はこの基壇土上面から掘り込まれている。先行研究でも述べたように甕据付穴は 2〜4 列と複数列をなして検出される場合が多く，これらは建物内部に据え付けられたと考えられ

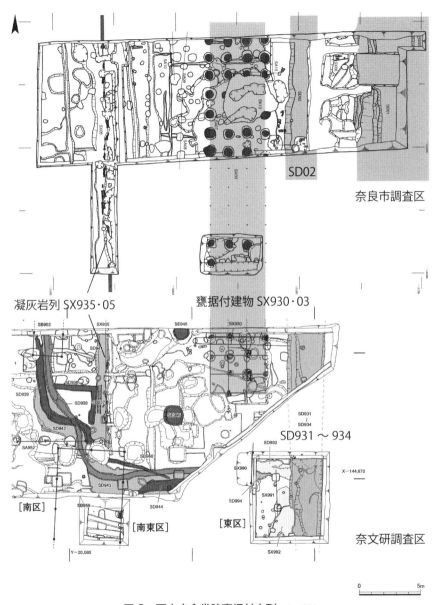

凝灰岩列 SX935・05

甕据付建物 SX930・03

SD02

奈良市調査区

SD931 ～ 934

［南区］

［南東区］

［東区］

奈文研調査区

0　　　　　　　　5m

図3　西大寺食堂院甕据付穴列　1：300
〔奈良文化財研究所編 2019 に加筆〕

ている〔木村泰彦 1999, 玉田 2002〕。よって, SX930 も基壇上に建物が建って
いた可能性が高く, この建物内部に甕が設置されていたと考えられる。SX930
に伴う建物柱穴は検出されていないが, 西方で南北方向に並ぶ凝灰岩列
SX935 を検出しており, この凝灰岩列が甕据付穴列を覆う南北棟建物の西端
とみることができる。

「西大寺流記資財帳」によると, 食堂院には食堂や大炊殿のほか「東檜皮厨」
と記載される建物がある。凝灰岩列 SX935 を建物基壇西辺とすると,「資財
帳」記載規模とも一致する甕据付穴列 SX930 が内部に収まる建物を復元でき,
これが「東檜皮厨」に比定されている〔金井 2007〕。

以上を踏まえると, 甕据付穴列 SX930 は「東檜皮厨」の建物内部東寄りに
並んでいた甕の据え付け穴と復元でき, 甕のない建物内部西寄りが作業空間で
あった可能性が考えられる。SX930 の検出は, 西大寺食堂院の内部において,
建物内に甕を整然と並べ, 安定した温度管理など集中・集約的に醸造・発酵・
貯蔵の管理が行われていたことを示すと考えられる。[(2)]

〈平城京内の甕据付建物〉

甕据付建物は平城宮造酒司や平城京内でも検出されている。特に右京二条三
坊・三条二坊周辺では甕据付建物が集中している。

右京二条三坊四坪は一町以下の占地であり, 奈良時代前半は小規模建物数棟
が存在するのみであったが, 奈良時代後半以降（B・C 期）に西二坊大路に面
して門を開くと同時に坪内道路で分割された敷地内に甕据付建物を多数検出し
ている（図 4）〔奈良市教育委員会 1994a〕。B 期は, 甕据付建物は 1 棟（SB214）
であるが, 奈良時代後半〜末の C 期には多数の甕据付建物が整然と並んでい
た。C 期は敷地を東西方向の掘立柱塀 SA228 で南北に区画しており, 北区の
主殿は二面廂建物 SB229 である。この建物の周囲に甕据付穴を持つ後殿
SB235, 東脇殿 SB231, 西脇殿 SB230 の 3 棟が配される。SB235 はのちに廂を
付加して作業空間を作っている。南区にも甕据付穴を持つ東西棟建物 SB225,
東脇殿風の南北棟建物 SB223・224 が存在する。

これらは, 建物内に集中的に甕を配置することから, 酒の醸造関連施設であ
ったと考えられる。平城京内では貴族邸宅以外に許されていない大路（西二坊
大路）に面して開く門が検出されている点も踏まえると, 邸宅ではなく公的な

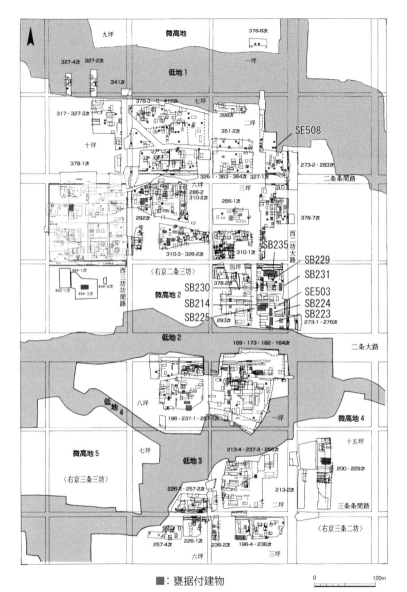

九坪 微高地 378-6次

327-4次 327-2次 一坪
低地1
341次

378-3・5・412次 七坪
317・327-3次 398次
二坪 SE508
351-2次
十坪
273-2・283次
378-1次 二条条間路
326・363・364次 327-1次

六坪 三坪
286-2 286-1次
310-2次
292次 378-7次

310-3・326-2次 SB235
〈右京二条三坊〉 四坪 SB229
SB231
378-2次 SB230 SE503
微高地2 310-1次 SB214 SB224
494-1次 西三坊大路 SB225 SB223
460-1次 494-3次 494-4次 西三坊坊間路 293次 273-1・276次
低地2
169・173・182・184次 二条大路

低地4 八坪 一坪 微高地4
低地
196・237-1・257-1次

微高地5 七坪 213-4・237-3・256次 十五坪
低地3 200・229次
〈右京三条三坊〉
226-2・257-2次 213-2次
二坪
三条条間路
257-4次 226-1次 〈右京三条二坊〉
236-2次 196-4・236次
六坪 三坪

■：甕据付建物   0   100m

図4　平城京右京二条三坊四坪周辺遺構配置図　1：600
〔奈良文化財研究所編 2019 に加筆〕

施設であった可能性が高く，造酒司の現業部門であったと想定されている〔玉田 2002〕。右京二条三坊周辺は京内でも甕据え付け建物が多く検出されている場所であり，四坪内の SE503 からは「□酒四升」との木簡が出土しており，北方の二坪 SE508 から「酒司」と記した墨書土器が出土している〔奈良市教育委員会 1994b〕。

　玉田芳英の研究によると，平城京内の甕据付建物が奈良時代後半に増加していることが指摘されており〔玉田 2002〕，この頃には酒の醸造量が上がったことを示すとともに集約的な醸造・発酵を行う体制が平城京内で確立していたことがうかがえる。

　西大寺食堂院 SX930 のあり方は，建物内部での集中的・集約的な甕および内容物の管理という当該期の平城京内で確立していた管理体制が踏襲されていたと位置づけられる。

〈SX930 出土の甕〉

　SX930 の甕据付穴にはそれぞれ甕の底部が遺存していた（図5）。神野恵は甕内部に落ち込んでいた口縁部片を根拠に甕の配列と口縁部形態との関連を検討した（図6・7）。その結果，SX930 の甕は和泉陶邑窯や美濃須衛窯など複数の生産地から調達されていたこと，多様な口縁部形態と甕の配列に相関関係はみられないことを指摘した〔神野 2007〕。またこれらの甕の復元口径は 50 cm を超えており，ほかの破片をみても同様である。SX930 には口径 50 cm を超える大型甕（甕 AA）が整然と据え並べられていたことがうかがえる。

　また，西大寺食堂院で検出した甕据付穴では甕の底部がそれぞれ遺存していた点にも留意が必要である。平城京内や長岡京内で検出された甕据付建物では甕据付穴に甕底部が遺存する事例は少ない〔木村泰 1999・2019〕。すなわち，据えられていた甕は抜き取られて移設されることが通常であったと考えられる。西大寺食堂院で甕据付穴に甕底部が残るのは例外的といえ，なぜ甕が残されたまま廃絶したのかについても別途検討が必要と思われる。

井戸 SE950 出土の甕

　西大寺食堂院の大型井戸 SE950 から出土した須恵器甕は出土破片を接合することにより，完形に復元することができた（図8）。この甕は西大寺食堂院の

図5　西大寺食堂院の甕据付穴 SX930

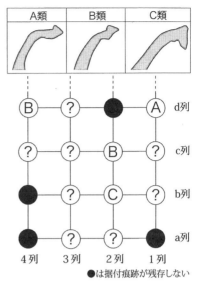

図7　SX930の甕の口縁部形態と配列〔神野 2007〕

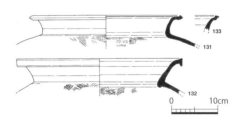

図6　SX930 出土須恵器甕　1：8
〔神野 2007〕

食を再現するうえで重要な情報を有している可能性があり，ここで検討する。[3]

〈出土状況と甕の復元〉

　SE950 出土須恵器甕（甕 AA）は底部片が礫層，胴部から肩部・口縁部が e 〜b 層にわたって出土した。これらの破片を接合したところ，ほぼ完形に復することができた。出土状況と破片の大きさから，完形の状態で井戸に投棄され，埋没過程または埋没後に土圧で割れて破片化したものと考えられる。

　接合により復元した甕は，口径 32.8 cm，頸部径 30.4 cm，胴部最大径 64.4 cm，

図8 西大寺食堂院 SE950 出土甕

実測図 1 : 12〔神野 2007〕

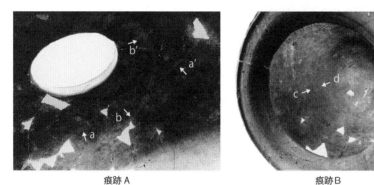

痕跡 A   痕跡B

図9 甕内面の痕跡〔小田ほか 2021〕

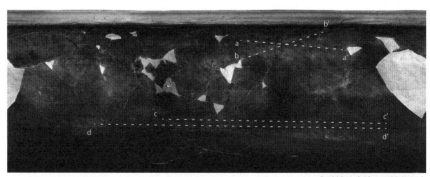

白破線は痕跡の下端を示す

図10 西大寺食堂院 SE950 出土甕内面の痕跡〔小田・三舟ほか 2021〕

器高 64.4 cm である。外面に擬格子状を呈する平行叩き調整の後，カキメを施し，内面は当て具痕跡が明瞭に残る。口縁端部は断面が三角形を呈し上面が尖る形状を呈する。底部外面では地中に据えていたような風化の境や擦れた痕跡などは確認できなかった。

　この須恵器甕は，頸部までの容量が約 111 L であり，換算すると約 1 石 3 斗である。巽淳一郎が整理した容量・サイズを踏まえると〔巽 1995，図 1〕，この甕は「𤭯（サラケ）」と呼ばれた器種に比定できる。[4]

〈内面の痕跡について〉

　SE950 出土甕の内面には，水平を指向する直線的な痕跡がリング状に確認できる（図 9）。この痕跡について，甕の 3 次元計測を行い，内面を展開して図示した（図 10）。肩部内面では白抜き状態の痕跡（痕跡 A）が，水平方向に近い幅約 1 cm の細い痕跡（a-a'）と，水平よりは傾く幅約 2 cm の痕跡（b-b'）として観察できる。また，胴部下位から底部の屈曲点やや上位付近では薄茶色を呈する幅約 1 cm の痕跡が 2 条確認できる（痕跡 B，c-c'・d-d'）。これらの痕跡はいずれも水平を指向しており，埋蔵環境および洗浄による消失もあって全周を確認できていないが，本来は全周を巡るように付着していたとみられる。

　痕跡 A・B は，完形に接合・復元した状態で各層から出土した破片間をまたいで確認できることから，埋没時や接合時の汚れや付着ではなく，廃棄以前に形成された痕跡と考えられる。また，これらの痕跡は製作・焼成に関わる同心円状の当て具痕跡と降灰とは無関係に確認できることから，製作・焼成段階の後に形成されたものと判断できる。

　よって，これらの痕跡は甕の使用段階に形成された痕跡の可能性が高い。各痕跡が内面のみに遺存し，水平を指向していることを踏まえると，特に液体の内容物の喫水線を反映している可能性が考えられる。[5]

　また，角度の異なる複数の痕跡が存在することから，この甕は少なくとも 2 回は傾きが変わるような据え替えが行われていたこと，痕跡が消えるような洗浄が行われていなかったことが読み取れる。

　これらの痕跡は今後の研究の進展により，内容物に迫ることができる可能性を有しており，[6]西大寺食堂院における須恵器甕の使用実態や食の再現を考えるうえで重要な痕跡といえる。

お わ り に——甕からみた西大寺食堂院——

　本報告では平城宮・京の様相を踏まえつつ，西大寺食堂院の須恵器甕や甕据付建物について検討した。その結果，以下の点を指摘した。
　①　西大寺食堂院では平城宮や平城京内と同様に，複数列の甕を据え付けた建物内部での貯蔵物の集中・集約的な管理が行われていた。
　②　西大寺食堂院の甕は他所へ持ち運ばれることなく長期間存続し，最終的に放棄された。
　③　西大寺食堂院から出土した甕の内面には内容物を示す可能性がある痕跡が遺存している。これらの痕跡から甕の使用実態の復元や内容物の復元に繋がる手がかりを得つつある。
　須恵器甕は従来あまり注目されていない遺物であるが，内容物の検討など古代食の再現に繋がる重要な情報を持つことを見いだせた。西大寺食堂院の食の再現という研究課題に須恵器甕から迫ることはやや迂遠な方法ともいえるが，それでも当時の食を構成する一要素であることに疑いはない。引き続き検討を続けたい。

　　　註
　(1)　筆者は旧稿において古代宮都から出土する須恵器甕の様相と特質について基礎的な整理を行っており〔小田 2019〕，本稿の内容もこの成果に拠る。
　(2)　甕据付穴にどこまで甕が埋まっていたのかについてはさらに検討が必要である。西大寺食堂院 SX930 では甕据付穴内に甕底部付近のみが遺存していたがその上部は削平されており，どこまで地中に埋められていたのかについては不明である。中世京都の甕据付穴建物の事例（平安京左京五条三坊九町跡の埋甕群）をみると，西大寺食堂院とは並べられた甕の数・密集度も異なるが，甕の埋められた深さについても違いがみられ，少なくとも 50 cm 以上は地中に埋められていた〔京都市埋蔵文化財研究所 2008〕。中国漢代の画像石の中に肩部まで地中に埋まった甕と縄をかけて地上に置かれた甕の 2 種が表現された事例があり，宇野隆夫によると埋め甕は醸造（酒造）用，縄をかけた甕は水甕と推定されている〔宇野 1999〕。甕が埋められていた深さは甕の用途・内容物や管理方法の違いと関連す

図 11　福井県小浜市とばや酢店の「壺」

る可能性が考えられる。ただし，発掘調査成果だけで甕がどこまで埋まっていた
かを判断するには注意が必要である。筆者らが見学した福井県小浜市とば屋酢店
では，コンクリート製の水槽に甕（壺）を設置し，甕の肩付近まで籾殻で埋めて
いた（図11）。籾殻は古代でも入手が容易であり，甕の管理にも適した合理的な
方法であったと推測されるが，これを発掘調査で明らかにすることは難しい。発
掘調査成果を検討する際には，このような場合が存在していたことも念頭に置く
必要がある。

(3)　本節の内容は〔小田・三舟ほか 2021〕の成果に拠る。

(4)　1升＝830 ml として換算した〔篠原 1991〕。

(5)　平城京出土須恵器甕内面に同様の痕跡が残っている事例は少なからずある〔奈
　　良文化財研究所編 2019〕。

(6)　この SE950 出土甕の内面には，今回のシンポジウムでの検討対象の 1 つである
　　白色付着物質も少量付着している。

参考文献

宇野隆夫 1999「古墳時代中・後期における食器・調理法の革新」『日本考古学』7

小田裕樹 2019「宮都における大甕」奈良文化財研究所編・発行『官衙・集落と大甕』

小田裕樹・三舟隆之・山口欧志・金田明大 2021「西大寺食堂院出土甕と内面の痕跡」『奈
　　良文化財研究所紀要 2021』

金井健 2007「西大寺食堂院の配置計画と建物の復元」奈良文化財研究所編・発行『西

大寺食堂院・右京北辺発掘調査報告』

上村憲章 1999「容量からみた甕」『瓦衣千年』森郁夫先生還暦記念論文集刊行会

木村泰彦 1999「甕据え付け穴を持つ建物について」『瓦衣千年』森郁夫先生還暦記念
論文集刊行会

木村泰彦 2019「長岡京の甕据付建物について」奈良文化財研究所編・発行『官衙・
集落と大甕』

木村理恵 2018「大甕の変遷とその歴史的背景」大阪大学考古学研究室編・発行『待
兼山考古学論集Ⅲ』

木村理恵 2019「大甕の生産・流通の変遷について」奈良文化財研究所編・発行『官衙・
集落と大甕』

京都市埋蔵文化財研究所編・発行 2008『平安京左京五条三坊九町跡・烏丸綾小路遺跡』

篠原俊次 1991「古代の枡」『平安京右京五条二坊九町・十六町』京都文化博物館

神野恵 2005「土器類」『平城宮発掘調査報告ⅩⅥ』奈良文化財研究所

神野恵 2007「土器・土製品」奈良文化財研究所編・発行『西大寺食堂院・右京北辺
発掘調査報告』

神野恵・森川実 2010「土器類」奈良文化財研究所編『図説平城京事典』柊風舎

関根真隆 1969『奈良朝食生活の研究』吉川弘文館

巽淳一郎 1995「奈良時代の甂・甅・正・由加」奈良文化財研究所編・発行『文化財
論叢Ⅱ』

玉田芳英 2002「平城宮の酒造り」奈良文化財研究所編・発行『文化財論叢Ⅲ』

奈良市教育委員会 1994a「平城京右京二条三坊四坪・菅原東遺跡の調査　第273-1・
276次」『奈良市埋蔵文化財調査概要報告書　平成5年度』

奈良市教育委員会 1994b「平城京右京二条三坊二・三坪の調査　第283次」『奈良市
埋蔵文化財調査概要報告書　平成5年度』

奈良市教育委員会 2006「平城京跡（右京一条三坊八坪）・西大寺旧境内（食堂院跡推
定地）の調査　第15次」『奈良市埋蔵文化財調査概要報告書　平成15年度』

奈良文化財研究所編・発行 2007『西大寺食堂院・右京北辺発掘調査報告』

奈良文化財研究所編・発行 2019『官衙・集落と大甕』

付記：本稿の執筆にあたり，三舟隆之先生をはじめとする共同研究会メンバーより多
大なご助言とご援助をいただいた。記してお礼申し上げます。

II　出土遺物の科学分析

1　西大寺食堂院跡出土の動物遺体

山　崎　　健

は じ め に

　西大寺食堂院の発掘調査で見つかった井戸 SE950 は，平城京の中でも非常に大型の井戸として知られる。この井戸は廃絶後にゴミ捨て穴として利用され，コンテナ約 1,200 箱に及ぶ井戸の埋土を水洗選別した結果，土器や瓦，木製品，木簡，植物種実などの多種多様な遺物とともに，魚やネズミなどの骨や歯（動物遺体）が採集された。本稿では，出土した動物遺体から古代寺院の食や環境を検討してみたい。

1　多種多様な魚類

出土した魚

　マイワシの頭の骨やコイ科の椎骨（ついこつ），ほかにもサケ科・ボラ科・アジ科・サバ属・タイ科・カサゴ亜目など，西大寺食堂院跡の井戸にはさまざまな魚の骨が捨てられていた（図1）〔山崎 2021a〕。種類は特定できなかったが，魚の鱗も見つかっている。

　出土した魚をみると，サケ科やボラ科の骨は平城京東市跡推定地からも出土している〔中島和彦 2005〕。平城宮東方官衙地区や平城京左京二条二坊・三条二坊では，主にコイ科を食べて感染する肝吸虫（かんきゅうちゅう）や，ボラなどを食べて感染する異形吸虫類といった寄生虫の卵が検出されており，コイ科やボラを食べていた可能性が高い〔金原・金原 1995，松井ほか 1995，今井ほか 2010，今井 2011〕。天平9年（737）に大流行した天然痘への対応や治療法を記した典薬寮勘申（てんやくりょうかんじん）や太政官符（だいじょうかんぷ）では，コイやサバ，アジなどの魚を食べることを禁じており，こう

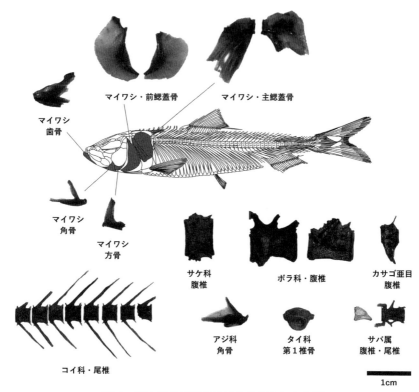

図 1　西大寺食堂院の井戸から出土した魚類
マイワシの全身骨格図は〔落合 1994〕より作成

した魚が一般的に広く食べられていたことがうかがえる。また正倉院文書によれば，鰯は18隻で3文と安価であった〔関根 1969〕。

　このように，西大寺食堂院の井戸に捨てられた生ゴミは，平城京でよく食べられていた魚の骨であった。

寺院で魚を食べていたのか？

　魚の骨が捨てられていた井戸からは，箸・杓子などの食事具や皿・椀などの食器，米や蔬菜のような植物質食料が記された食料や食材の進上・保管・支給に関わる木簡，ウリ類（メロン仲間）やトウガン・カキノキ・モモなど食用植物を中心とした10万点以上の植物種実といった，当時の寺院における食生活

がうかがえる遺物が数多く出土した〔奈良文化財研究所 2007，芝 2015〕。僧侶が斎食する場である食堂院らしい一括性の高い資料群であり，8世紀末に井戸を埋める際，食堂院周辺で不要になったゴミを投棄したものと考えられる。この井戸出土資料群は，遺構と遺物が直結したきわめて希有な例として評価されている〔浅野 2012〕。こうした出土状況や共伴遺物の様相から，見つかった多様な魚も寺院で消費された可能性が高い。

　正倉院文書には，東大寺写経所で支給された食料が記されている。しかし，いわゆる精進料理であるため，魚などの動物性食料は含まれていない〔関根 1969〕。一方で，日本最古の仏教説話集である『日本霊異記』には，僧侶が魚を食べたという説話が収められている。下巻六縁「禅師の食はむとする魚法花経と化作りて俗の誹を覆す縁」である。

　大和国吉野の海部峯にある山寺に住む僧侶が養生のため，弟子に魚を買いに行かせた。弟子は紀伊国の海浜へ出かけ，鯔の鮮魚8匹を買って小櫃に入れて帰るが，その途中で顔見知りの俗人から小櫃の中身を尋ねられる。弟子は経典と答えたが，魚の汁が垂れており，小櫃を無理やり開けられた。しかし，小櫃の中身は法華経8巻に代わっていた。弟子から話を聞いた僧侶は天の守護と知り，喜んで魚を食べた。弟子の後をつけた俗人は罪を報告し，僧侶は聖人とあがめられた。

　この説話では，弟子が魚の入った小櫃の中身を隠したことから「僧侶の魚食は許されない」という一般的な考え方がうかがえる。同時に，「病気の養生であれば僧侶でも魚を食べても構わない」という条件付きの容認という考え方も認められる〔八重樫 1994，藤森 2001〕。養老僧尼令飲酒条においても，僧尼の飲食や肉食は罰則を設けて禁止されているが，病気の治療に限って容認されている。大和国吉野の僧侶が食べた鯔が，西大寺食堂院の井戸からも見つかっていることは興味深い。

　ほかに，古代の寺院から魚貝類が出土した事例としては，山陰最古級の古代寺院として知られる鳥取県倉吉市の大御堂廃寺跡がある。寺域内にある溜枡SE01から8世紀前半頃の土器とともに，モモなどの植物種実やタニシ類・ドブガイ・イシガイあるいはマツカサガイといった淡水性貝類が出土しており，廃絶時に投棄された食料残滓と考えられる〔パリノ・サーヴェイ 2001〕。

2 8匹のネズミ

出土したネズミ

　この井戸からは，魚の骨とともに合計172点のネズミ科の骨が見つかった（図2）。魚は一部の骨格部位のみが出土したのに対して，ネズミは同一個体に由来する全身の骨格がまとまって出土しており，食堂院周辺に生息していたネズミが駆除されてゴミとともに投棄されたか，ゴミで埋まる井戸へ偶発的に落ちた可能性が想定される。8匹分の骨で，7匹が大型のクマネズミ属，1匹がアカネズミであった〔山崎 2021a・b〕。

　クマネズミ属にはドブネズミとクマネズミが含まれるが，種の判明した資料はすべてドブネズミであった。ドブネズミは，人間の生活環境近くに生息して台所や下水など，湿った場所を好み，植物以外に肉や魚もよく食べる雑食性の家ネズミである〔矢部 1988・1996・1998〕。食堂院には食事を調整する施設や食料を貯蔵する施設も存在するなど〔馬場 2008〕，豊富な餌資源があり，ドブネズミの生息に適した環境であった。アカネズミは，低地〜高山帯までの森林や河川敷，水田，畑など多様な環境に広く分布する小さな野ネズミであるが，人家周辺にも侵入することがある。

平城京のネズミ

　ドブネズミなどの家ネズミは，農耕の開始や都市の成立といった人間活動とともに分布域を拡大させた。古代の都である平城京ではネズミを届けた送り状の木簡（鼠進上木簡）が出土しており，京内に生息していたネズミが捕獲され，進上されていたことが知られている。例えば，天平8年（736）の4月8日，平城京の左京職から光明皇后の皇后宮職へ30匹の鼠と8羽の雀が送られた。その後も，13日に鼠19匹と雀25羽，14日に鼠16匹と雀2羽，鶏1羽，馬肉3つ，15日に鼠20匹が次々と届く。この天平8年の4月は京職から少なくとも115匹の鼠が進上されている〔馬場 2018〕。送られたネズミは，飼われていた鷹の餌と考えられる〔東野 1989・1996，森 1996・2000〕。また平城宮造酒司では，酢を醸造する瓶の中に落ちたネズミを見つけて「臭臭臭臭」と書かれた

1cm

図2　西大寺食堂院の井戸から出土したネズミ（一部）

木簡も出土している〔馬場 2015・2018〕。

　このように，平城京は数多くのネズミが生息していたと考えられ，実際に平
城京の発掘調査において，大型のクマネズミ属（ドブネズミあるいはクマネズ
ミ）が二条大路の溝〔松井 1995〕，東市推定地〔中島和彦 2005〕，右京八条一坊
十三・十四坪〔松井 1990〕から出土している。

ネズミの食害はあったのか？

東大寺の写経所で経典名などが記された札（籤）がネズミに齧られたという記録が残っており〔中島和歌子 2013, 馬場 2018〕, 実際に正倉院文書の題籤には小動物が齧ったような欠損が確認されている〔東京大学史料編纂所 2020〕。

考古資料では, 出土したモモの核がネズミによって齧られていることが古くから知られてきた。核とは内果皮が硬化した堅い殻のことで, その中に種子が入っている。昭和 9〜10 年（1934〜35）の藤原宮跡の発掘調査で出土したモモ核に穴が開いていたことから, 野ネズミの齧痕と推定され, 当時は「鼠害の最古の実例の一つ」として報告された〔小清水 1936〕。群馬県の上ノ平 I 遺跡では, 平安時代の竪穴建物 7 棟から出土した計 63 個体（1/2 以上残存）の炭化したモモ核のうち 55 個体（87.3%）に穴が開いており, アカネズミやヒメネズミの食痕と推定されている〔洞口 2018〕。

そこで, 西大寺食堂院の井戸からネズミとともに見つかったモモ核 1,700 個体（1/2 以上残存）を調査したところ, 53 個体（3.2%）に穴が開いていた。ほとんどの穴は核の側面に開いていた。

ただし, こうしたモモ核の穴はネズミではなく, 当時の人によって開けられたという説もある。核の中には種子が入っているため, モモ核に開いた穴は生薬となる種子（桃仁）を取り出した痕跡ではないかという見解である〔佐伯 2009〕。実際, 延喜典薬式諸国進年料雑薬条によれば, 41 ヵ国から桃人（桃仁）が貢納されていた[(1)]〔天野 2019〕。

確かに, モモの核に開いた穴だけではネズミの食痕なのか, 人為的な加工痕跡なのかを判断するのは難しい。そこで注目されるのが, 穴の周囲に残された溝状の痕跡である。西大寺食堂院の井戸から出土した穴の開いたモモ核 53 個体のうち, 27 個体（50.9%）に平行する溝状痕跡が観察された。痕跡を観察できないモモ核の多くは保存状態が悪く, 表面が摩耗していた個体であった。

例えば, No. 1025c（図 3 左）は, 側面に穴が開き, 穴の周囲（核断面）を含めて 13.9 mm×13.6 mm の大きさであった。穴の周りの核断面には 0.2〜0.3 mm の平行する溝状痕跡が残され, 縫合線と直交する方向に伸びていた。また, No. 1570（図 3 右）も側面に大きく穴が開いており, 穴の周囲（核断面）を含めて 16.7 mm×11.6 mm であった。No.1025c よりも表面はやや摩耗していたが,

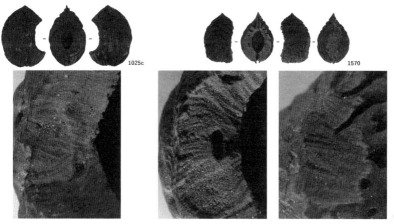

図３　出土モモ核に残されたネズミの食痕

穴の周りの核断面には 0.2〜0.3 mm の溝状痕跡が観察でき，穴を中心に放射状に伸びていた。もう片方の側面は穴がないものの，0.2〜0.3 mm の平行する溝状痕跡が集中する部分がいくつか認められた。そのほかのモモ核に残された溝状痕跡の幅も 0.2〜0.3 mm が多かった。

　モモの核と同じように堅いオニグルミの核に残る食痕は，野生動物のフィールドサイン（動物の生活痕跡）として知られている。アカネズミはオニグルミ核の両側面に穴を開けて中の種子を食べるため，核には溝幅 0.3〜0.8 mm 程度の切歯の痕跡が残る〔門崎 2009〕。また，ネズミの切歯は生涯にわたって伸び続ける常生歯であるため，硬いものを齧って歯を研ぐ行動をすることがある〔田畑 2020〕。静岡県の中期更新世佐浜泥層で採集されたオニグルミの堅果化石の多くには穴が開いており，穴の断面や内部には溝状のくぼみが認められ，幅 0.3〜0.4 mm が多かった。野生や飼育アカネズミの食痕と比較して，オニグルミ堅果化石の痕跡はアカネズミによる食痕と判断された〔吉川 2000〕。同様に，滋賀県の南滋賀遺跡から出土した古墳時代〜平安時代の穴の開いたモモ核は，穴の断面や周囲に 0.4〜1 mm 程度の溝状痕跡が集中していることから，アカネズミの食痕の可能性が高いと指摘されている〔柳原 2016〕。

　以上，ネズミの食害があったのかを検討するため，井戸から出土したモモ核を検討した。その結果，モモ核の中には側面から穴が開けられたものがあり，

穴の周囲には溝状痕跡が集中していた。これらの特徴からネズミの食痕である
と判断することができ，西大寺食堂院周辺でネズミの食害があったと考えられ
る〔山崎 2022a・b〕。溝状痕跡の幅は 0.2〜0.3 mm が多いことから，アカネズ
ミの食痕である可能性が高い。骨はドブネズミが多く出土したが，モモ核を齧
っていたのは主にアカネズミであった。

　ただし，課題も残されている。野ネズミであるアカネズミに比べ，家ネズミ
であるドブネズミの食痕研究は，フィールドサインを含めてほとんどない。そ
こで現在，マウスやラットにモモ核を齧らせる実験を実施している[(2)]。実験途中
であるが，ドブネズミを実験動物化したラットがモモ核の側面に穴を開ける行
動をしており，穴の開いたモモ核には多くの溝状痕跡も観察されている。今
後，ネズミの大きさと痕跡の関係をさらに検討していく予定である。

お わ り に

　西大寺食堂院の井戸から出土した動物遺体を分析して，古代寺院の食や環境
を検討した。廃絶した井戸に食堂院周辺のさまざまなゴミが投棄されたが，そ
の中に多種多様な魚の骨も含まれていた。平城京でよく食べられていた魚が多
く，出土状況や共伴遺物の様相から西大寺で消費された可能性が高いと考えら
れた。史料には残りにくい当時の食生活の実態を示す貴重な資料といえる。た
だし，同じ井戸から見つかった食用植物を中心とする植物種実の膨大な出土量
に比べると魚骨は非常にわずかであるため，日常的に食していたというよりは
「寺院でも魚を食べることがあった」という評価をすべきであろう。

　また，食堂院周辺に生息していたと考えられる 8 匹分のネズミの骨も見つか
った。1 匹はアカネズミ，7 匹は大型のクマネズミ属で，種の判明した骨がす
べてドブネズミであった。一緒に捨てられたモモの核にはネズミの食痕が残さ
れており，西大寺食堂院でネズミによる食害が発生していたことを明らかにし
た。しかし，穴の開いたモモ核は全体の 3.2% しかなく，食害自体は深刻な状
況でなかったと推測される。『続日本紀』には，宝亀 6 年（775）4 月に河内国
や摂津国で鼠が農作物に被害を与え，同年 7 月に下野国都賀郡で数百匹の黒鼠
が農作物に被害を与えたことが記されているが，平城京内での鼠害は報告され

ていない。都における鼠害の記録が残るのは，平安京へ遷都した後のことである〔馬場 2015・2018〕。

註

（1） 井戸出土資料で割れていない完形のモモ核は 88.5％（1,504 個体）であった。ほとんどのモモ核を割らずに捨てていることから，西大寺食堂院において積極的な桃仁の採取は認められない。

（2） 実験は，大妻女子大学の青江誠一郎氏や東京医療保健大学の鈴木祥菜氏のご協力により，大妻女子大学家政学部の栄養学研究室で実施している。

参考文献

浅野啓介 2012「西大寺食堂院跡出土文字資料と食堂院」『奈良史学』29

天野誠 2019「遺跡発掘調査報告書に基づく『延喜式典薬寮』に記述された「諸国進年料雑薬」の桃仁の自給について」『国立歴史民俗博物館研究報告』218

今井晃樹・国武貞克・金田明大 2010「東方官衙地区の調査―第 440・446 次―」『奈良文化財研究所紀要 2010』

今井晃樹 2011「平城宮東方官衙地区 SK19189 の自然化学分析―第 440 次―」『奈良文化財研究所紀要 2011』

落合明編 1994『魚類解剖大図鑑』緑書房

門崎允昭 2009『野生動物調査痕跡学図鑑』北海道出版企画センター

金原正明・金原正子 1995「二条大路・東二坊々間路側溝および SD5100・SD5300 における花粉分析と寄生虫卵分析」『平城京左京二条二坊・三条二坊発掘調査報告書―長屋王邸・藤原麻呂邸の調査―』奈良国立文化財研究所

小清水卓二 1936「高殿出土植物遺品の調査」『藤原宮跡伝説地高殿の調査 1』日本古文化研究所

佐伯英樹 2009「桃仁を用いた古代生薬雑考」『花園大学考古学研究論叢Ⅱ』花園大学考古学研究室 30 周年記念論集刊行会

芝康次郎 2015『古代都城出土の植物種実』奈良文化財研究所

関根真隆 1969『奈良朝食生活の研究』吉川弘文館

田畑純 2020「子：木の実を齧る」『新・十二歯考―十二支でめぐる歯の比較解剖学―』医歯薬出版

東京大学史料編纂所編 2020『正倉院文書目録』8 続々修 3，東京大学出版会

東野治之 1989「古文書・古写経・木簡」『水茎』7

東野治之 1996「二条大路木簡の槐花―街路樹との関連から―」『長屋王家木簡の研究』塙書房（初出 1992）

中島和彦 2005「平城京東市跡推定地（左京八条三坊十二坪・東三坊坊間路）の調査第 27・28 次」『奈良市埋蔵文化財調査概要報告書平成 13 年度』奈良市教育委員会

中島和歌子 2013「上代の鼠の諸相―『古事記』で大国主を火難から救うのが母鼠である理由―」『札幌国語研究』18

奈良文化財研究所編・発行 2007『西大寺食堂院・右京北辺発掘調査報告』

馬場基 2008「平城京のさいご―西大寺食堂院調査成果を出発点として―」『古代日本の支配と文化』奈良女子大学 21 世紀 COE プログラム報告集 18

馬場基 2015「ネズミが集まる平城京」『ミネルヴァ通信「究」』52

馬場基 2018「平城京の鼠」『日本古代木簡論』吉川弘文館（初出 2012）

パリノ・サーヴェイ 2001「自然遺物の科学分析」『史跡大御堂廃寺発掘調査報告書』倉吉市教育委員会

藤森賢一 2001「魚を食う僧―下巻六縁考―」『日本霊異記私解』おうふう（初出 1976）

洞口正史 2018「ネズミがかじったモモの種―モモとネズミと竪穴建物の廃絶―」『群馬県埋蔵文化財調査事業団研究紀要』36

松井章 1990「動物遺存体」『平城京右京八条一坊十三・十四坪発掘調査報告』奈良国立文化財研究所

松井章 1995「平城京左京三条二坊・二条二坊出土の動物遺存体」『平城京左京二条二坊・三条二坊発掘調査報告』奈良国立文化財研究所

松井章・金原正明・金原正子 1995「平城京左京二条二坊五坪の「樋殿」遺構」『平城京左京二条二坊・三条二坊発掘調査報告書―長屋王邸・藤原麻呂邸の調査―』奈良国立文化財研究所

森公章 1996「鼠を進上する木簡」『古都発掘』岩波書店

森公章 2000「二条大路木簡中の鼠進上木簡寸考」『長屋王家木簡の基礎的研究』吉川弘文館（初出 1999）

八重樫直比古 1994「魚を食う僧と「天」―下巻第六話―」『古代の仏教と天皇―日本霊異記論』翰林書房（初出 1990）

柳原麻子 2016「遺跡出土モモ核にみられる「えぐり痕」の観察―大津市南滋賀遺跡
　　出土資料から―」『淡海文化財論叢』8
矢部辰男 1988『昔のねずみと今のねずみ』どうぶつ社
矢部辰男 1996「ドブネズミ・クマネズミ・ハツカネズミ」『日本動物大百科　哺乳類Ⅰ』
　　平凡社
矢部辰男 1998『ネズミに襲われる都市』中央公論新社
山崎健 2021a「西大寺食堂院 SE950 出土の動物遺存体―第 404 次―」『奈良文化財研
　　究所紀要 2021』
山崎健 2021b「日本における家ネズミの考古学的記録」『BIOSTORY』36
山崎健 2022a「モモ核に認められたネズミの食痕」『奈良文化財研究所紀要 2022』
山崎健 2022b「古代（飲食と考古学）」『季刊考古学』159
吉川博章 2000「オニグルミの堅果化石に残ったアカネズミの食痕―静岡県浜松市の
　　中期更新世佐浜泥層からの産出―」『豊橋市自然史博物館研究報告』10

2 西大寺食堂院跡出土の植物種実

芝　康次郎

はじめに——植物種実からのアプローチ——

　古代の人々が何を食べていたのか。その最も直接的な資料の1つといえるの
が，遺跡から出土する動物骨や植物種実などの有機質遺物である。平城宮・京
では木簡が多く見つかることをご存知の方も多いと思うが，これは地下水位が
高く保存環境がよいことに一因があり，木簡以外の有機質遺物，特に植物の種
実（種子や果実）はよく残る。
　当然といえば当然だが，遺跡から出土した植物の種すべてが「食」と結びつ
くわけではない。遺跡周辺の植生に由来するもの，あるいは祭祀行為に由来す
るものもあるからだ。しかし，例えばトイレと考えられる遺構から出土した植
物種実は食生活に密接に関係するだろうし，そのほかの遺構の場合であって
も，遺構が見つかった場所や性格を吟味することで人間生活に関係するものを
見出すことができる。今回対象とする西大寺食堂院の井戸はまさにその一例で
ある。この井戸からは10万点以上の植物種実が出土した。しかも大多数が食
用植物で占められており，寺院という特殊な空間であるにせよ，古代の食生活
の一端を知ることができる格好の資料である。それでは，これらの特徴はいか
なるものか。ここでは，西大寺食堂院井戸 SE950 から出土した植物種実につ
いて，主に平城宮・京の他遺構出土植物種実と比較を通してこの点について考
えてみたい。

1 西大寺食堂院の井戸 SE950 出土の植物種実

井戸 SE950 の概要

　西大寺は天平宝字 8 年（764）の藤原仲麻呂の乱後，孝謙太上天皇が発願した大寺院である。食堂院は伽藍の北東隅に位置し，食堂院を構成する建物の「殿」と「大炊殿」に挟まれた位置で，大型の方形井戸が見つかった〔奈良文化財研究所 2007〕。

　井戸枠は井籠組で，内法が一辺約 2.3 m，深さは 2.8 m 以上で，井戸の底には円礫が敷き詰められ，上には木炭が敷かれていた。その上層の堆積土壌は，発掘調査時に上から a・b・c・d・e 層までの 5 層に区分されている。以下，報告書をもとに各層の特徴を示す。

　e 層：灰色粘質土で瓦を含むが遺物が少ない。

　d 層：多量の遺物を含み，木屑層との互層をなす。木簡の大半はこの層から
　　　　出土した。

　c ～ a 層：上層にいくにしたがって埋土のしまりがよくなり，木質遺物が減
　　　　り，土器が増える。

　井戸枠の構築年代は，樹皮をもつ部材の年輪年代が 767 年であることから，これが上限となる。そして，井戸埋土から出土した木簡の紀年銘は，延暦 5 年（786）（e 層），同 10 年（d 層），同 11 年（d 層）であり，出土した土器の特徴からも時期的な矛盾は認められない。堆積土は基本的には井戸廃絶に伴うものと考えられているが，e 層上面で井戸枠とみられる部材が出土しているので，e 層堆積後に本格的な井戸廃絶が始まり，その後短期間で埋められたと考えられている。

井戸 SE950 出土の植物種実

　この井戸の堆積土からは多数の木簡をはじめとする有機質遺物が見つかったため，研究所に土壌を持ち帰り，2 mm の篩目をもって水洗選別が実施された。その結果，10 万点以上の植物種実が回収され，少なくとも 83 の分類群に分けられることが判明した（図 1・2，表 1）。この数は，60 年以上に及ぶ平城

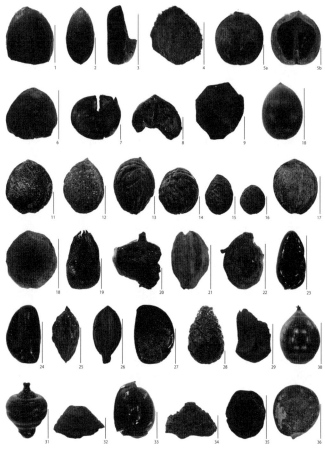

スケール　10㎜：1-3,5-17,20-23,25-30,33,35　5㎜：4,48,19,24,31-33,34,36

図1　西大寺食堂院出土種実写真①

1. カヤ種子　2. イヌガヤ種子　3. チョウセンゴヨウ種子　4. ヤマモモ核　5. オニグル
ミ核　6. ハシバミ堅果　7. クリ果実　8. クリ炭化子葉　9. クリ果皮（六角加工）　10.
ツブラジイ堅果　11. アンズ核　12. ウメ核　13-16. モモ核　17. スモモ核　18. サクラ
属　19. ナシ亜科種子　20. ナシ亜科果実　21. センダン核　22. ムクロジ核　23. ムベ種
子　24. アケビ種子　25. ナツメ核　26. グミ属種子　27. カキノキ種子　28. マツ属球果
29. マツ属種鱗　30. アカガシ亜属堅果　31. アカガシ亜属幼果　32. アカガシ亜属殻斗
33. コナラ属堅果　34. コナラ属殻斗　35. コナラ属炭化子葉　36. ムクノキ核

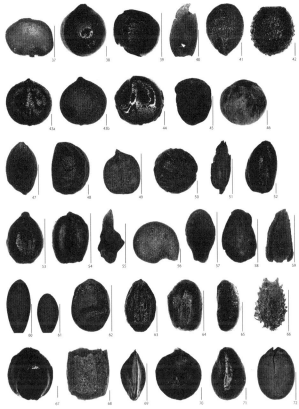

スケール　10mm：40,45,55,57,59,66,72　5mm：37,47,49,51,53,54,58,60-65,69　1mm：38,39,41-44,46,48,50,52,56,67,68,70,71

図2　西大寺食堂院出土種実写真②

37. コブシ種子　38. クスノキ種子　39. エンドウ属炭化種子　40. マメ科果皮　41. サンショウ種子　42. アカメガシワ種子　43. ブドウ属種子　44. ノブドウ種子　45. ツバキ属果皮　46. クマノミズキ核　47. エゴノキ種子　48. クサギ核　49. ガマズミ属核　50. モチノキ属果実　51. イネ穎果　52. イネ炭化種子　53. オオムギ炭化種子　54. コムギ炭化種子　55. ヒシ果実　56. ナス属種子　57. トウガン種子　58. スイカ種子　59. ヒョウタン種子　60. メロン仲間種子（モモルディカ型）　61. メロン仲間種子（マクワ・シロウリ型）　62. ウリ属種子　63. ゴキズル種子　64. アズキ亜属炭化種子　65. ダイズ属炭化種子　66. オナモミ果実　67. アサ核　68. ミクリ属核　69. ソバ果実　70. カナムグラ種子　71. コウホネ種子　72. トウゴマ種子

宮・京の調査の中でも群を抜いており，その多様さも目を引く〔芝 2015〕。それらの層位別の内訳は表1に示すが，主だった内容について下層から順に見てみよう（括弧内は破片の数。最上層のa層は出土数が少ないため割愛する）。

- ・礫層：モモ核6（4）点，メロン仲間種子4（2）点，トウガン種子4（1）点，クリ果皮（35）点など。
- ・e層：メロン仲間種子2,982（16）点，トウガン種子798（13）点，モモ核129（101）点，ナシ亜科種子91（19）点，カキノキ種子61（96）点，クリ果皮32（1,200以上）など。
- ・d層：メロン仲間種子7万7,892（26）点，トウガン種子8,027（72）点，モモ核1,324（833）点，カキノキ種子1,616（981）点，ナツメ核814（88）点，ナシ亜科種子586（38）点，ナス属種子473（1）点，ヤマモモ核320（6）点，クリ果皮55（7,800以上）など。
- ・c層：メロン仲間種子4,576（44）点，トウガン種子618（42）点，カキノキ種子106（87）点，モモ核92（128）点，クリ果皮86（1,900以上）点など。
- ・b層：トウガン種子940点，メロン仲間種子611点，モモ核53（94）点，ナツメ核18点，カキノキ種子11（1）点，クリ果皮3（450以上）点など。

　層位別にみると，井戸底の礫層に接するe層からb層にいたるまでの種実構成はおおむね共通する。すなわち，ウリ状果のメロン仲間種子（大きさからモモルディカメロン型〔藤下 1992〕を主体とする）やトウガン種子がほかを圧倒して多く，モモやカキノキ・ナツメ・ナス属・ナシ亜科・クリなどがどの層でも一定の割合を占めている。これらの食用植物の多さが大きな特徴といえる。このほかにも食用植物として，オニグルミ・ハシバミ・アンズ・サクラ・アケビ属・グミ属・サンショウ・ブドウ属などが出土している。また，d・c層では，炭化したイネやオオムギ・コムギも少量であるが出土していることも目を引く。さらにカヤ・イヌガヤ・トウゴマなどのように油脂分を多く含み，搾油あるいは薬としての効能をもつものも複数認められる。一方で，周辺の植生を反映しているであろう，コナラ属（アラカシやシラカシなど）も出土している。廃絶に伴って開放状態にあった井戸にこれらが入りこむことは当然ありうるこ

とだろう。堆積土壌の花粉分析〔金原正子 2007〕によれば，花粉の構成はイネ科，ヨモギ属などの草本が生育し，おおむね路傍・庭ないし耕地の環境を示すものとされており，それらとともに広葉樹が生育していた環境だったのだろう。

　先述のように，土壌堆積や出土遺物などの様相から，井戸の廃絶は比較的短期間に行われたと考えられており，食用植物も土器などの人工遺物とともに，短期間のうちに数回投棄された結果と考えてよい。それでは，この食用植物の構成がいかなる特徴をもつのかという点について，同時代の資料との比較を通して考えてみよう。

2　「トイレ遺構」出土の植物種実

「トイレ遺構」とはどういうものか

　冒頭に述べたように，遺構のうち食生活復元に最も関わるのが「トイレ遺構」である。トイレは人間生活に不可欠な施設である。そう考えると無数に比較対象がありそうだが，トイレと認識できる例は，実は非常に珍しい。トイレと認定するには，当時のトイレットペーパーにあたる籌木（ちゅうぎ），メロン仲間（ウリ類）等の植物種実，ハエの蛹，そして寄生虫卵が決め手になる。これまで発見された「トイレ遺構」には，古代の事例として奈良県・藤原京右京七条一坊の長方形土坑，福岡県・鴻臚館跡の深さ約４ｍに及ぶ円形あるいは長方形の土坑，そして，掘立柱建物に木樋を伴う水洗便所とされる秋田県・秋田城跡の事例がよく知られている〔金原正明 1998〕。鴻臚館跡では，須恵器や土師器，瓦等も相当数出土していることから，経口排泄物とともに，生活財をも投棄されたと考えられている〔小畑 2018〕。したがって，内容物の評価には注意が必要だが，いずれの事例においても，メロン仲間種子のほかにも数多くの植物種実が含まれており，食生活復元に重要な役割を担うと期待できる。

平城宮東方官衙地区の「トイレ遺構」

　この考古学者垂涎ともいえる遺構が，平城宮跡において，2009 年初めて見つかった。見つかったのは東方官衙地区と呼ばれる役所群の一角で，木簡を多

表1　西大寺食堂院井戸から出土した植物種実 （括弧内の数字は破片の数）

分類群	部位	a層	b層	c層	d層	e層	レキ層
木本							
カヤ	種子			1	(26)	1 (16)	
イヌガヤ	〃				1		
チョウセンゴヨウ	〃			(1)			
ヤマモモ	核		7 (2)	42	320 (6)	7 (1)	
オニグルミ	〃	5	5 (118)	(41)	16 (510)	17 (27)	(4)
ハシバミ	堅果				1		
クリ	炭化子葉		2				
〃	六角皮		(3)	11 (43)	119 (700<)	(13)	
〃	果皮	5	3 (450<)	86 (1,900<)	55 (7,800<)	32 (1,200<)	(35)
ツブラジイ	堅果			2 (11)	17 (18)	2 (4)	
シイ属	〃		(1)	6 (150)	280 (743)	5 (67)	2
アンズ	核	1		1	26	4	
ウメ	〃		7 (3)	17 (13)	166 (104)	35 (60)	1
モモ	〃	9 (16)	53 (94)	92 (128)	1,324 (833)	129 (101)	6 (4)
スモモ	〃		4	11 (2)	285 (15)	18	
サクラ節	〃		1	(4)	4 (4)	4	
サクラ属	〃				157 (1)	5	
ナシ亜科	種子			34 (9)	586 (38)	91 (19)	
〃	果実			(2)	3 (5)	1 (2)	
センダン	核		(3)	2 (6)	5 (6)	8 (1)	
ムクロジ	果実				(1)		
アケビ属	種子				83 (3)		
ムベ	〃			18 (2)	59 (9)	2	
ナツメ	核		18	56 (5)	814 (88)	29 (5)	
グミ属	〃			2	11 (1)	1	
アキグミ	〃				7		
ツルグミ	〃				1		
カキノキ	種子		11 (1)	106 (87)	1,616 (918)	61 (96)	
カキノキ属	〃		3 (1)		4		
マツ属複維管束亜属	球果			2	7 (3)	1	1
〃	種鱗				6 (8)		
アラカシ	堅果				4 (2)	1 (8)	
シラカシ	〃				13 (13)	2 (1)	
ナラガシワ	〃					2 (2)	
コナラ属	〃		(1)		1 (2)	(1)	
〃	炭化子葉				(6)	1	
〃	殻斗			1	20 (2)	3	
アカガシ亜属	幼果					1	
〃	堅果				10 (12)	1 (4)	
ムクノキ	核		1	1	8	1 (5)	
クスノキ	種子				2	8	

分類群	部位	a層	b層	c層	d層	e層	レキ層
フジ属	果実				381		
マメ科	種子				19 (4)		
サンショウ	〃		3	41	184 (5)	15	
ノブドウ	〃			6	1		
ブドウ属	〃			13	17	5	
ツバキ	〃				1		
ツバキ属	果実				(1)		
エゴノキ	種子				(2)	3 (1)	1
クマノミズキ	核			1			
クサギ	種子				1	3 (2)	
ガマズミ属	核			1	9		
ネズミモチ	〃					117	1
草本							
イネ	籾殻				2		
〃	炭化種子			1			
オオムギ	〃		1	2 (1)			
コムギ	〃		1	3	2		
ヒシ	果実				(10)		
ナス属	種子		1	192	473 (1)	2	
トウガン	〃	101 (18)	940	618 (42)	8,027 (72)	798 (13)	4 (1)
メロン仲間	〃	14	611	4,576 (44)	77,892 (26)	2,982 (16)	4 (2)
ウリ属	〃				2		
ヒョウタン仲間	〃		2	2 (1)	265 (8)	21 (5)	
〃	果皮			(○)	(○)	(○)	
ゴキヅル	種子				1		
アズキ	〃			1	2		
アズキ亜属	炭化種子			2	4 (2)		
ヤブツルアズキ	種子				2	1	
ダイズ属	炭化種子		1		1		
エンドウ属	〃				1		
トウゴマ	種子			1			
ソバ	〃			7	4		
タデ科	果実			1			
コウホネ	種子			1	11		
オナモミ	果実		7 (2)	19 (2)	28 (3)	1	
アサ	核		3	2 (2)	(1)		
カナムグラ	種子	1 (14)				2	
マツモ	〃				33		

量に含む２つの大型土坑（ごみ穴とみられる）を掘り上げたところで検出された。トイレ遺構は全部で７基見つかり，籌木やハエの蛹のほか，多数の植物種実が出土したほか，多量の寄生虫卵も確認された。〔今井ほか 2010〕。発見されたトイレ遺構は，東西８ｍ，南北２ｍの比較的狭い範囲に密集していた。これらの遺構の時期は，周辺の状況から宝亀年間（770〜781）を上限とする奈良時代のいずれかの時期と考えられる〔今井ほか 2010〕。それぞれのトイレ遺構は，それぞれ径60cm内外の方形ないし楕円形を呈し，深さは約50〜80cmほどの小型のものである。このうちの１つのトイレ遺構SX19198を詳細に分析したところ，４万5,542点（37分類群）におよぶ多量の植物種実が得られた〔芝ほか 2013〕。その内容と数量は以下のとおりである（以下に示す数は，回収した種実の総数であり，表２に示した数とは異なる）。

　栽培植物では，カキノキ属種子136点，メロン仲間種子２万4,150点，エゴマ種子29点，ナス属種子2,395点，ヒエ有ふ果59点，イネ籾殻61点，アワ有ふ果１点，このほかの食用植物として，木本植物ではヤマモモ核84点，クリ果皮多数，アケビ属種子4,411点，キイチゴ属核１万2,068点，イタビカズラ節種子694点，クワ属種子321点，マタタビ属種子129点，サンショウ種子21点，ヤマブドウ種子88点，草本植物ではシソ属種子２点である。さらに，遺構の周辺に生育していたらしい低木のムラサキシキブ属や，イヌタデ・ノミノフスマ・カタバミ属なども量は少ないが認められた。

　この評価について，私たちは次のように考えた。数の多い集合果のキイチゴ属や液果のナス，イチジク状のイタビカズラ節，集合果のクワ属は，１個体あたりの種子や核の数が多くかつ小さいため，果実ごとに食されて排泄された。これに対して，ウリ状のメロン仲間と液果のアケビ属やムベ，核果のヤマモモやカキノキなどは，種子の大きさが１cmほどのものも多いが，完形で残存しているものも多い。そのためすべてが排泄物に含まれたとは考えにくく，食用にならない部分が廃棄された可能性がある。また，ヒエとアワは有ふ果，イネは籾殻のみなので，これらは籾摺りをした後に廃棄されたのではないか。つまり，このトイレ遺構には，雑草や食用植物でも人間が排泄したとは考えにくいものが多く含まれる。土壌分析では寄生虫卵も多数見つかっているため，糞便が含まれることは間違いないが，それ以外に残飯処理も兼ねていた土

坑，「糞便残飯処理土坑」とみるのが妥当であろう。

他地域の「トイレ遺構」出土の植物種実

では平城宮以外で奈良時代およびその前後のトイレ遺構ではどのような植物種実が出土しているのか。以下，やや煩雑になるが列挙する。

① 藤原京右京七条一坊のトイレ遺構 SX7420（7世紀末ごろ）

　メロン仲間・キイチゴ属・クワ・サンショウ・ブドウ属・ナス属・シソ属・タデ科・ナデシコ科・カタバミ属・カヤツリグサ科〔黒崎 1992〕

② 長岡京左京二条三坊三町のトイレ遺構 SK148（8世紀末ごろ）

　メロン仲間・ナス科・サンショウ・エゴマ・タデ科・アカザ科・カヤツリグサ科〔中塚 1993〕

③ 鴻臚館遺跡のトイレ遺構 SK57（8世紀中ごろ）（鴻臚館では，南館のトイレ遺構 SK57 のほかに，北館でも同様の構造をもつトイレ遺構が見つかっている。ここでの種実構成もほとんど同じである〔小畑 2011〕。ここでは植物種実とともに，須恵器や土師器，瓦等も相当数出土していることから，経口排泄物とともに，生活財を投棄するなどの行為が重複していたと考えられている〔小畑 2018〕。）

　メロン仲間・チョウセンゴヨウ・ヤマモモ核・キイチゴ属・ナツメ核・カキノキ属・クワ属・シマサルナシ・サンショウ・ナス・エゴマ・ゴマ・タデ科・カヤツリグサ科など〔金原・金原 1994〕

④ 秋田城のトイレ遺構 SX02（8世紀後半〜9世紀初頭）

　メロン仲間・キイチゴ属・アケビ属・マタタビ属・サンショウ・ナス属・エゴマ・ミズアオイ・タデ科・カヤツリグサ科など〔金原ほか 1994〕

以上のうち，③の鴻臚館では，南館で見つかったトイレ遺構 SK57 のほかに，北館でも同様の構造をもつトイレ遺構が見つかっており，ここでの種実構成もほとんど同じである〔小畑 2011〕。比較資料は限られるが，以上のように，メロン仲間（ウリ類）・ナス属・キイチゴ属・サンショウ・エゴマは，どの遺跡の「トイレ遺構」においても認められる。そして，これにクワやヤマモモ・ブドウ属・マタタビ属などが加わる場合がある。これらは奈良時代前後に，東北地方から九州地方までの広い範囲で食されていた植物とみることができる。

表2 古代都城の植物種実構成 （網かけは多数出土している分類群。括弧内の数字は破片

遺構の性格		トイレ遺構			井戸	
およその廃絶時期		7C末	8C後半	8C後半	7C末	8C後半
		藤原京	平城宮	平城宮	石神遺跡	平城宮
分類群	部位	SX7420	SX19198	SX19202	SE4080	SE17505 井戸枠内
木本						
カヤ	種子					
イヌガヤ	〃					
チョウセンゴヨウ	〃					
ヤマモモ	核		84 (38)			
オニグルミ	〃					
ヒメグルミ	〃					
ハシバミ	果実					
クリ	果皮		(6)			(4)
ツブラジイ	果実					
スダジイ	〃					
アンズ	核					
ウメ	〃					11
モモ	〃				10 (8)	10 (2)
スモモ類	〃					
サクラ属サクラ節	〃					
サクラ属	〃					
ナシ属	果実					
ナシ亜科	種子					163 (162)
センダン	核					3 (2)
キイチゴ属	〃	○	10,422 (39)	5		
ムクロジ	果実					1
アケビ属・ムベ	種子		1,081 (676)			
ナツメ	核				1	
グミ属	核・種子					
アキグミ	種子					
ツルグミ	〃					
カキノキ・カキノキ属	〃		62 (71)			3 (4)
クワ属	核	○	278 (1)			
イタビカズラ節	〃		526 (5)			
マタタビ属	種子		62			
シマサルナシ	〃			3		
エノキ	核					
ムクノキ	〃					
サンショウ	種子	○	10 (2)			
アカメガシワ	果実					
ヤマブドウ	種子		19			

		溝・濠状遺構			
8C 前半	8C 末	7C 末	8C	8C 前半	12C ごろ
平城京	平城京	石神遺跡	平城宮	平城京	平城京
SE4770	SE950 井戸枠内 c-e 層	SD4089 木屑層	SD2700	SD5100 木屑層	SD6400 木屑層
(7)	2 (42)	(90<)	1 (19)	23 (335)	(3)
	1	9		1	
	(1)			46 (366)	(2)
	367 (7)	1	10	869 (99)	48 (2)
2 (62)	33 (578)	(11)	21 (776)	27 (5,694)	1 (19)
(53)			95 (166)	17 (846)	(2)
	1	2 (45)	3 (11)	437 (1,628)	(5)
(31)	173 (10,000<)	(210<)	(63)	420 (8,500<)	1 (2,000<)
	21 (33)		1 (3)	76 (50)	(1)
			1	6	
	31		1	16 (37)	1 (3)
	218 (187)		516 (86)	2,278 (557)	56 (29)
238 (48)	1,545 (1,062)	477 (708)	4,765 (2,886)	3,511 (2,650)	27 (30)
15	314 (17)	236 (28)	64 (12)	673 (61)	11 (3)
	8 (8)		2 (1)	53 (9)	5 (1)
	162 (1)			101 (9)	
					1 (3)
	711 (66)		1 (5)	28 (21)	10 (5)
	15 (13)	3	234 (64)	15 (1)	46 (5)
	(1)		(2)	21 (12)	
	162 (14)		1	2	22 (4)
	899 (98)	103 (7)	25	2,047 (83)	23
	2		1	3 (8)	1
	7		(10)		
	1				
	1,783 (1,101)			302 (705)	4 (3)
		1			
				(1)	
				3 (7)	
	10 (5)				
	240 (5)	2	(1)	26	8
				1	10 (1)

種名	部位					
ノブドウ	〃					
ブドウ属	〃	○	12（1）			3
ツバキ・ツバキ属	〃					
トチノキ	果実・種子					
クマノミズキ	核					
クサギ	種子					
ガマズミ属	核					
草本						
イネ	穎		10（47）	19（30）		
〃	炭化種子					
オオムギ	〃					
コムギ	〃					
ハトムギ or ジュズダマ	〃					
ヒエ	穎			1（10）		
〃	有ふ果		59（6）			
アワ	〃		1			
ハス	果実					
ヒシ	〃					（1）
ナス	種子		610（201）			
ナス属	〃	○	928			
トウガン	〃					
メロン仲間	〃	○	5,401（2,386）	38（29）	73（13）	7（3）
キカラスウリ	〃					
ヒョウタン仲間	〃				4	
ゴキヅル	〃					
エゴマ	果実		19（36）	24（150）		
シソ属	〃	○	2	2（5）		
アズキ	種子					
ヤブツルアズキ	〃					
ダイズ属	炭化種子					
エンドウ属	〃					
ゴマ	種子			14（23）		
トウゴマ	〃					
ヤナギタデ	果実		371（23）			
サナエタデ	〃		1			
イヌタデ	〃		3			
ギシギシ属	〃	○	1			
ソバ	種子					
タデ属	果実			1		
コウホネ	種子					
ハコベ属	〃					
オナモミ	果実					
土壌量		?	3,000cc	200cc	?	?
最小篩目（mm）		0.25	0.5	0.25	2	2

	7				
	35	5		2	3
	1 (1)			10 (4)	
(1)					
	1				
	3 (2)	1		2	
	10			1	5
	2	1		2	
	1				
	2 (1)			1	
	5			2	
				1	
				1	
	(10)			4 (103)	1 (11)
	667 (1)	1	271 (1)	107	7
	9,443 (127)	4		303 (3)	10
	85,450 (86)	1,722 (434)	1,120 (46)	40,000<	2,802
				1	
	288 (14)	65 (7)			7
	1				
	3				
	3				
	1				
	1				
	1	1			
			1	28	9
	11				
	12				
				15 (6)	
	48 (5)			2	
?	?	?	?	?	?
5	2	2	?	5	?

3 井戸や溝から出土した植物種実

　植物種実自体は，上記の「トイレ遺構」だけでなく，井戸や溝などの遺構からも見つかる。これらの主だったものについてその様相を見てみたい（表2）。

　井戸で共通する特徴は，モモ核が主体ないし一定量出土していることである。またクルミ類やクリ果皮，スモモ核などの木本類が「トイレ遺構」に比べて目立つ。長屋王邸の井戸SE4770ではあまり種類は多くないが，モモ核を主体として，これらの種類で構成される。モモは魔除けなどの祭祀に利用されることがよく知られており〔堀田ほか 1989〕，井戸廃絶に伴う祭祀に供されたのであろう。そのほかの井戸では，モモ核のほかにも，多数の種類で構成される。平城宮東院の井戸SE16030では，モモ核が41点であるのに対してセンダン核が1,200点以上出土している。また式部省東方官衙の井戸SE17505では，ナシ亜科が主体となり，そのほかの種実の数量はあまり多くない。

　一方，溝から見つかる植物種実は，トイレ遺構や井戸・土坑と比較しても，その種類の多さが際立つ。例えば，平城宮第二次大極殿の東を南北に流れる基幹排水路であるSD2700や，平城京の二条大路の側溝に沿って掘られた濠状遺構のSD5100の内容をみてみると，食用植物のカヤ・チョウセンゴヨウ・クルミ類・ヤマモモ・ハシバミ・アンズ・ウメ・モモ・スモモ類・サクラ属・ナシ亜科・ナツメ・アケビ属・カキノキ・サンショウ・ブドウ属などが出土している。また草本類でもメロン仲間，トウガンが構成される。草本類の種類が少ないのは，2mm目未満の細かい篩目を用いていないという回収方法に起因するものと思われるが，食用植物がかなり含まれている。

　ただし，溝には，マツ属やコナラ属など周辺の植生を反映した種実も多く含まれることには注意したい。溝はその性格上，流動的かつ開放的であるという特徴があり，時間的にも「トイレ遺構」や井戸などよりも長く機能していたことが予想できる。

4 西大寺食堂院の井戸から出土した植物種実の評価

ほかの遺構との比較を通した特徴

西大寺食堂院井戸 SE950 では，メロン仲間種子が 8 万点超，トウガン種子約 1 万点，カキノキ属種子が約 2,000 点など，食用植物の種類が豊富である点に特徴がある。全体としてみれば，西大寺食堂院井戸の種実構成は古代都城で出土する食用植物をほぼすべて網羅したあり方を示している。

これは先の井戸の特徴よりも，むしろ「トイレ遺構」や溝での種実構成と近いあり方を示す。そうすると，糞便の二次的な廃棄も疑いたくなるが，寄生虫卵分析によると検出数は低頻度であり，そうした状況は考えにくい。一方で，モモ核やウメ核・クリ果皮・ナツメ核など，井戸や溝とも共通するようなあり方も示している。このうちモモ核は井戸廃絶に伴う祭祀との関連が考えられるものもあるが，排泄物という限られたあり方ではなく，食材調達や調理の実態を示していると考えられる。このほか薬や油に利用可能なものもあり，植物の多角的な利用について知ることができる資料といえるだろう。

出土木簡との関係

では実際にどのように食されていたと考えられるのか。種実の分析からこれに直接アプローチすることは難しいが，手がかりになるのがこの井戸で見つかった木簡である。木簡はいくつかの性格に分けられる。まず進上木簡には，瓜・木瓜（ぼけ）・大角豆（ささぎ）・茄子・大根・知佐（ちさ）（萵苣）・黒米・大豆・白米を，食材の支給に関わる木簡には，飯・白米・大豆・酒・塩を，そして食材や食品の保管に関わる木簡には醬漬瓜（ひしお）・米をそれぞれみることができる〔奈良文化財研究所2007〕。

この中で特に注目されるのは「醬漬瓜」の保管木簡の存在である。これは，「醬漬瓜六斗」と書かれた付札で，食堂院に保管された容器などに付けた札ではないかと思われる。約 8 万点におよぶメロン仲間種子の存在は，漬物作りに供されたウリ類の残滓とみることができる。このほかにもナス属の種子や炭化米などは木簡の記載とも対応しているものの，多くの場合，木簡には記載され

ていない。木簡と出土した種実の両者を合わせて食生活の復元や評価を行うべきであることを意味している。

お わ り に

　西大寺食堂院井戸出土の植物種実の特徴について，同時代の他遺構から出土した植物種実の構成を手がかりとすると，やはり食用植物の多さが目を引く。なかでもメロン仲間種子の多さは，木簡の記載を合わせて考えると，漬物作りという西大寺食堂院での利用実態の一端を示している。さらに，薬用といった食用にとどまらない植物の多角的利用の様子をみることができることも見逃せない。今回は種実構成の比較であったが，今後形態などを含めたより詳細な分析を行うことで，さらに評価を進めていく必要がある。

　最後になるが，今回の資料比較にあたって注意点を記しておく。それはここで用いた資料の採取方法が一様でないことである。例えば，平城宮東方官衙の「トイレ遺構」は篩目 0.25 mm まで定量的な分析を実施したが，西大寺食堂院井戸の土壌では篩目が 2 mm である。つまり，それより小型の種実は回収されていないことになる。したがってこの比較において，特に草本類について有無の議論をすることは危険である。そもそも現在まで残っている種実は固い殻などが主で，果実や子葉などは土中で跡形もなくなってしまうのが普通であるから，「出土していない」ことが「なかった」ことにはならないということに注意したい。

　それにもかかわらず，これだけの食用植物が抽出でき，一定の条件を考慮すれば量的な比較も可能である。そこには木簡を含む文献資料には記載されていないものも数多くある。出土した種実の評価を積極的に行うことで，より多様な食生活の姿を復元することにつながるだろう。西大寺食堂院井戸の出土資料はそのことをまざまざと感じさせてくれるものである。

参考文献

　今井晃樹・国武貞克・金田明大 2010「東方官衙地区の調査—440 次・466 次」『奈良
　　文化財研究所紀要 2010』pp. 126-135

奈良文化財研究所編・発行 2007『西大寺食堂院・右京北辺発掘調査報告』

小畑弘己 2011「植物遺存体からみた福岡の歴史」『新修福岡市史　資料編考古 3』福岡市，pp. 672-701

小畑弘己 2018『昆虫考古学』角川選書，KADOKAWA

金原正明 1998「便所遺構から探る古代人の食生活」『季刊 VESTA』31，pp. 11-18

金原正明・金原正子 1994「鴻臚館跡の土坑（便所遺構）における寄生虫卵・花粉・種実の同定分析」『鴻臚館跡』4，福岡市教育委員会，pp. 25-38

金原正明・金原正子・中村亮仁 1994「秋田城における自然科学的分析」『秋田城跡　平成 6 年度秋田城跡調査概報』秋田市教育委員会，pp. 65-78

金原正子 2007「環境考古学的分析」奈良文化財研究所編・発行『西大寺食堂院・右京北辺発掘調査報告』，pp. 44-45

黒崎直編 1992『藤原京跡の便所遺構―右京七条一坊西北坪―』奈良国立文化財研究所

黒崎直 2009『水洗トイレは古代にもあった　トイレ考古学入門』吉川弘文館

芝康次郎・佐々木由香・バンダリ・スダルシャン・森勇一 2013「平城宮東方官衙地区 SX19198 の自然科学分析―第 440 次」『奈良文化財研究所紀要 2013』pp. 209-215

芝康次郎編 2015『古代都城出土の植物種実』奈良文化財研究所

中塚良編 1993『向日市埋蔵文化財調査報告書』37，向日市埋蔵文化財センター・向日市教育委員会

藤下典之 1992「出土種子からみた古代日本のメロンの仲間」『考古学ジャーナル』354，pp. 7-13

堀田満他編 1989『世界有用植物事典』平凡社

3　土器付着白色物質の分析について

村上夏希・西内　巧・庄田慎矢

はじめに

　考古遺物には，用途に関連するのではないかと思われる痕跡が認められることがある。我々が特に注目しているのは，古代土器，特に須恵器の内面に付着した白色物質である。

　平城宮東方にある法華寺周辺で発掘された須恵器甕片（奈良時代と推定される）に付着した白色物質を大道公秀氏が分析したところ，バイヤライト（Al(OH)$_3$）であることが明らかとなった（詳細は本書第Ⅱ部第5章を参照）。バイヤライトは水酸化アルミニウムの一種である。水酸化アルミニウムはギブサイトやベーマイトといった結晶形態があり，小便（＝トイレ）に由来する物質として考古遺物の科学調査でも報告されている〔加藤 2018ほか〕。では今回の例もトイレ遺構に関連する物質なのだろうか。大道氏が分析した須恵器甕は明確なトイレ遺構からの出土ではない。移動式トイレである可能性はあるが，そもそもなぜトイレ遺構から水酸化アルミニウムが見つかるのか，ヒトの小便から水酸化アルミニウムが生成されるメカニズム自体が解明されていない。そこで我々はこの事例に限らず各地の須恵器にみられる白色物質が何ものなのか調査を行うこととした。

　白色物質は遺物内面を中心に付着が確認されることから，用途（内容物）と密接に関わる可能性は高い。しかし，発掘状況からは，白色物質がどの段階（使用中，使用後廃棄前，廃棄後）で土器に付着あるいは析出したのかはわからない。そこで，まずは古代と同様，内容物に関連した白色物質が現代に認められないか調べたところ，酢醸造用とされる壺に付着した白色物質を発見した〔村上ほか 2021〕。

1 酢醸造壺の調査

　今回試料を採取した壺は，株式会社とば屋酢店（福井県小浜市）の蔵に保管されていた（図1）。形態的には陶製甕に分類されるが，調査先では「つぼ」と呼ばれている（以下，本資料を含め酢醸造用器はすべて「壺」と称す）。調査を行った醸造元では伝統的に壺を用いた静置発酵法[(1)]による醸造を行っており，調査対象の壺も酢醸造容器であったと推測される。しかし長年使用されておらず，調査時には天地を逆にした状態であった。

　調査対象の壺は口径 82.0 cm，器高 79.0 cm。口縁部上端から 10 cm 下位には水面に接する線（喫水線）が明瞭に残り，口縁部内側の屈曲部にも白色物質が付着している。外面の色調は赤褐色である。壺の製作年，使用期間，白色物

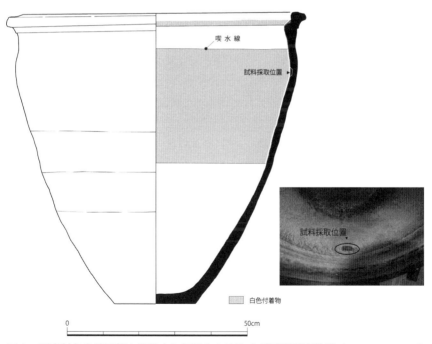

図1　調査対象の使用停止後数十年経過した壺および試料採取位置（TOBAYA001FI）
〔村上ほか 2021〕

図2　比較試料を採取した醸造に使用中の壺
（TOBAYA002FI）

図3　比較試料を採取した使用停止後3〜5年経過
した壺（TOBAYA003FI）

質の付着（析出？）時期は不明である。聞き取り調査では，この壺は先々代までの間に使用され，少なくともこの数十年は用いていないとのことであった。

ここで本調査で明らかにしたいことを今いちど整理したい。まず，対象資料に付着している①白色物質（以降，この白色物質をTOBAYA001FIとする）(2)の正体は何かということである。古代土器のように水酸化アルミニウムなのか，あるいはまったく別の物質なのだろうか。そして，②白色物質に内容物（今回の場合はおそらく酢）にかかわる有機化学的情報が残っているのかである。これは白色物質の成因を考えるうえで重要である。本課題に対し，①については，蛍光X線分析装置を使った成分分析とX線回折装置を使った結晶構造解析を，②については，ガスクロマトグラフ質量分析計を使った残存脂質分析と高速液体クロマトグラフ質量分析計を使ったプロテオーム解析を行った。さらに比較試料として現在使用している壺の酢酸膜と思われる表面の膜（TOBAYA002FI，図2）と，ここ数年以内（推定3〜5年）に使用停止した壺に付着する酢酸膜が乾燥（固化）したと思われる物質（TOBAYA003FI，図3）を分析に供した。

2 分析結果

白色物質の正体

使用停止後数十年経過した調査対象の壺に付着した白色物質（TOBAYA001 FI）の材質分析結果については，すでに報告ずみである〔村上ほか 2021〕。蛍光 X 線分析による組成分析の結果，カルシウム（Ca）のピーク強度が強いことが明らかとなった（図4）。その他にケイ素（Si），リン（P），マグネシウム（Mg）などが検出されたがピーク強度は低い。X 線回折による結晶構造解析結果とあわせると，白色物質の主成分は炭酸カルシウム（$CaCO_3$）であると推測された（図5）。

内容物にかかわる有機化学的情報

内容物にかかわる有機化学的情報が得られたかについて，はじめに残存脂質

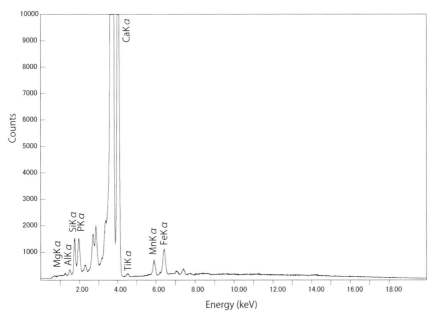

図4　蛍光 X 線による白色物質の解析結果〔村上ほか 2021〕

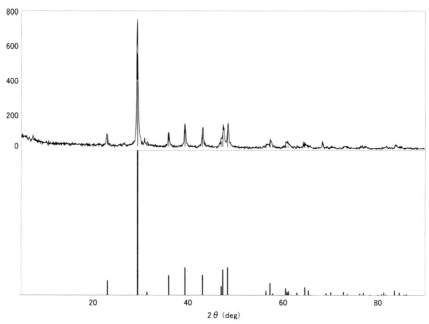

図5　X線回折による白色物質の解析結果〔村上ほか 2021〕

上が白色物質（TOBAYA001FI）のX線回折ピーク，下が炭酸カルシウムのレファレンス。
ピークの位置や強度比が一致しているほど類似した結晶構造をもつと判断できる。

分析について報告する。使用停止後数十年経過した壺（TOBAYA001FI）から
は炭素数16と18の飽和脂肪酸が検出された（図6）。これは動物・植物の脂肪
に広く存在する脂肪酸である。一方，使用中の壺（TOBAYA002FI），使用停止
後3〜5年経過した壺（TOBAYA003FI）については共通して炭素数14，16，
18の飽和脂肪酸が検出された（図7）。そのほか，使用中の壺には不飽和脂肪
酸のピークが顕著に認められたが，使用停止後3〜5年経過した壺では認めら
れないか，あるいはピーク強度が低かった[(3)]（図8）。不飽和脂肪酸が豊富に含ま
れるのは植物油の特徴であり，酢の原料が米を主体とすることと整合性を持つ
結果といえる。不飽和脂肪酸は酸化されやすいという性質を持ち，使用中の壺
と使用停止後3〜5年経過した壺の違いは，酸化しやすい化合物から優先して
分解されたことを示すと思われる。なお，使用停止後数十年経過した壺は，重
合度の異なるポリエチレンオキシドのピークが認められ，使用中の壺，使用停

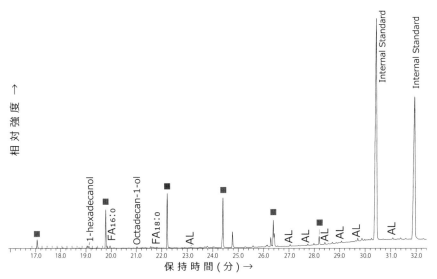

図6　使用停止後数十年経過した壺（TOBAYA001FI）の部分クロマトグラム

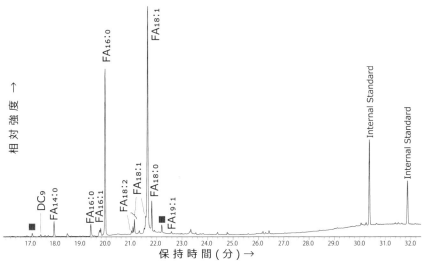

図7　使用中の壺（TOBAYA002FI）の部分クロマトグラム

FA：脂肪酸，x：y は炭素数 x，二重結合の数 y を表す。AL：アルカン，DC：ジカルボン
酸，■：ポリエチレンオキシド

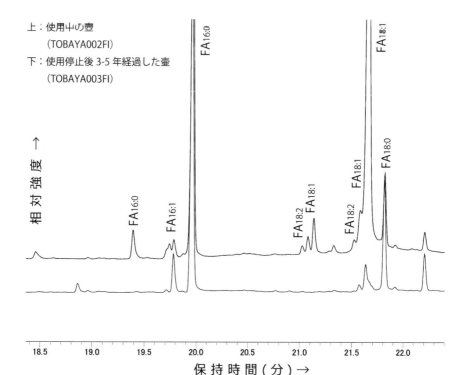

上：使用中の壺
　　（TOBAYA002FI）
下：使用停止後 3-5 年経過した壷
　　（TOBAYA003FI）

相対強度 →

FA16:0

FA18:1

FA16:0

FA16:1

FA18:2

FA18:1

FA18:2

FA18:1

FA18:0

保持時間（分）→

18.5　　19.0　　19.5　　20.0　　20.5　　21.0　　21.5　　22.0

図8　使用中の壺（TOBAYA002FI）と使用停止後 3～5 年経過した壺（TOBAYA003
　　　FI）の比較

FA：脂肪酸，x：y は炭素数 x，二重結合の数 y を表す。

止後 3～5 年経過した壺にも，使用停止後数十年経過した壺と比較すると強度
は非常に低いものの，わずかながら認められた。ポリエチレンオキシドは無毒
で汎用性が高く，日常で使用する容器や医薬品などさまざまな製品に利用され
る身近な物質である。原料の保管，サンプリング，試料調整，どの過程でも検
出される可能性があり，その由来は不明である。

　次にプロテオーム解析結果についてみていきたい（図9）。使用中の壺（TO
BAYA002FI），使用停止後 3～5 年経過した壺（TOBAYA003FI）には酢酸菌や
麹菌など酢の醸造に関わる生物に由来するタンパク質が検出されたが，使用停
止後数十年経過した壺（TOBAYA001FI）からは検出されなかった。また，使
用中の壺では原料由来と思われるジャポニカ米が検出されたが，使用停止後 3

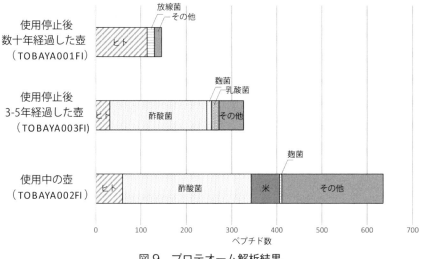

図9　プロテオーム解析結果

〜5年経過した壺には認められなかった。一方で，使用停止後3〜5年経過し
た壺では，酢酸菌や麹菌由来のタンパク質の相対的な割合が増加していること
から，ジャポニカ米由来のタンパク質は，使用停止後数年で酢酸菌や麹菌など
によって消費されてしまったと考えられる。また，乳酸菌由来のタンパク質の
割合が増加していることから，この段階の白色物質は酸性であった可能性が高
い。その後，使用停止後数十年経過した壺では，有機物の分解に働く環境微生
物である放線菌などが増加しており，試料由来のタンパク質の量が減少したと
考えられる。試料調整以降の過程で混入するヒト由来のケラチンなどのタンパ
ク質は試料の間で差がないと思われるが，使用停止後数十年経過した壺では，
相対的に増加しているようにみえる。

　以上，使用中の壺，使用停止後3〜5年の壺，さらに使用停止後数十年の壺
の白色物質のタンパク質を分析することで，原料由来のタンパク質，醸造に関
わる生物由来のタンパク質等の構成の変化を明らかにすることができた。保存
状態がよければ，古い試料であっても醸造に用いられた酢酸菌や麹菌などの検
出・同定が可能と考えられるが，原料となる米などの検出は難しいと予想され
る。

3 考　　察

白色物質の正体

　本研究では古代土器に付着する白色物質解明への手がかりを得ることを目的に，現生試料の酢醸造に用いられたと推定される壺に付着した白色物質について各種分析調査を行った。

　材質分析の結果，白色物質は炭酸カルシウムであり，古代土器の報告にある水酸化アルミニウムとは別物質であることがわかった。炭酸カルシウムが付着あるいは析出した要因については，白色物質が壺内面上部を中心に確認されることから，内容物に関連する可能性が高い[4]。ただし，蔵に保管されていた壺のうち，内面を確認できたほかの壺については，白色物質が認められなかったこと，Ca の供給源として酢に含まれる原材料（米，水）の Ca 量と白色物質の析出量に整合性があるのかなど，付着要因については慎重に検討する必要がある。

　本結果と古代土器との関係性について考察する。炭酸カルシウムはいうまでもなく水酸化アルミニウムとはまったく異なるものである。では本結果は古代土器と結びつかないのだろうか。

　加藤和歳氏は塩化アルミニウム溶液にアンモニア水を加えるとバイヤライトが生成されるという成果〔山口ほか 1958〕を根拠に，白色物質は土壌と有機質内容物とが作用した二次生成物ではないかと指摘している〔加藤 2018，p. 709〕。我々もこの二次生成物説を積極的に採用し，炭酸カルシウムを由来とする水酸化アルミニウム生成の可能性について考えてみたい。

　まず土壌における炭酸カルシウムの働きについて検討する。炭酸カルシウムは土壌の pH を調整する資材として農業ではよく利用される物質である。炭酸カルシウムが土中の水素（H^+）と反応することで，カルシウム（Ca^{2+}）と重炭酸（HCO_3^-）に分解する反応と，重炭酸が水（H_2O）と二酸化炭素（CO_2）に分解する反応が起こる。

$$CaCO_3 + H^+ \rightarrow Ca^{2+} + HCO_3^-$$

$$HCO_3^- + H^+ \rightarrow H_2O + CO_2$$

酸性度とはすなわち水素イオンの存在量である。したがって上記の反応によって水素イオンが消費されることで土壌の pH は上昇する（つまりアルカリ側に傾く）。では炭酸カルシウムが付着した土器が埋蔵下にあった場合どうであろうか。やはり，炭酸カルシウムが周囲の土壌と反応し pH が変化すると思われる。ただし，この反応は土壌全体ではなく炭酸カルシウムが存在する箇所に限定して起こると予想される。つまり，付着物と土壌が接する部分のみが周囲の土壌（日本の土壌の多くは酸性である）よりも pH が高い環境となる。さらに炭酸カルシウムは難溶性で土壌の中和反応は徐々に進むため，この環境は短期ではなく，ある程度の時間，維持されるものと思われる。

　次に，土壌における水酸化アルミニウムの生成と炭酸カルシウムの役割について考えてみたい。アルミニウムは地殻を構成する元素としては酸素とケイ素の次に多く（約 8％），土壌に豊富に存在する元素である。さらに，土器そのものの主要構成元素でもある。したがって埋蔵環境下においてアルミニウムイオンの供給量は十分であろう。このアルミニウムという物質は pH が 5 程度まで上昇すると溶解度が下がり，水酸化物が生成されやすくなる性質を持つ〔遠藤ほか 2014〕。

$$Al^{3+} + 3H_2O \rightarrow Al(OH)_3 + 3H^+$$

　つまり土器内面に炭酸カルシウムが付着し，そこだけ pH が高い状況であれば，そこに水酸化アルミニウムが生成されると予測される。そして中和反応によって炭酸カルシウムが消費され続け，逆に水酸化アルミニウムは生成され続ければ，最終的に水酸化アルミニウムを主体とする白色物質が土器の付着物として残る可能性はないだろうか。

　なお，この予測は鉱山における坑廃水処理システムを参考としている〔厨川ほか 2013，遠藤ほか 2014〕。酸性の坑廃水の処理には中和するための物質として炭酸カルシウムがよく使用される。この炭酸カルシウムを用いた方法では，坑廃水に含まれるアルミニウムや鉄が水酸化物となって沈殿することが報告されている〔遠藤ほか 2014, p.27〕。これも人間活動によって水酸化アルミニウムが二次生成された例といえる。

　ただし，坑廃水の例ではアルミニウムのほかに鉄の水酸化物についても挙げられている。炭酸カルシウムが水酸化アルミニウムの生成要因だとすれば，考

古遺物の付着物として水酸化鉄が報告されないことは不思議にも感じる。鉄はアルミニウムと同様，土壌に比較的多く含まれ，2価鉄（Fe^{2+}）あるいは3価鉄（Fe^{3+}）の状態で存在する。3価鉄はpHが3より上昇すると溶解度が下がるため水酸化物が生成されるが，2価鉄についてはpHが7まで上昇しても溶解度は低く，無酸素状態であれば水酸化第二鉄が沈殿することはない。一方，アルミニウムは鉄とは異なり酸素の存在に関係なくpHの上昇により水酸化物が生成される。したがって嫌気条件である埋蔵環境で2価鉄の酸化が抑制されることで，水酸化アルミニウムが優先して生成されたのかもしれない。ただし鉄の酸化については微生物の作用も重要であり，今後は再現実験などとも合わせて推察する必要がある。

　以上，炭酸カルシウムが存在することで水酸化アルミニウムが生成されるのか検討を行った。しかし，これは土壌下での反応をかなり単純に捉えたものである。アルミニウムは土器そのものに含まれるだけでなく，土壌において多様な形で存在し，反応にはさまざまな化学・環境要因が関わってくる。そのため実際に起きる現象はより複雑になるだろう。本課題については地球科学の専門家などと協同し議論を深めるべきといえる。また，本推論に科学的妥当性があるならば，炭酸カルシウムに限らず中和が可能な物質，トイレと関連性が深い物質をあげるならば尿石（主な成分はリン酸カルシウム）であっても同様の反応が起こりうるといえる。つまり，付着物の材質を明らかにするだけでは遺物がトイレに関連するものなのかはわからないという結論になる。水酸化アルミニウムがトイレ遺構から多く検出されるからといって，白色物質をすべて小便由来と判断するのは危険であり，発掘状況などを踏まえた総合的な判断が必要といえよう。

内容物にかかわる有機化学的情報

　使用中の壺（TOBAYA002FI）と使用停止後3〜5年経過した壺（TOBAYA003FI）には酢醸造に関する痕跡が認められたが，使用停止後数十年経過した蔵の壺（TOBAYA001FI）に付着した炭酸カルシウムからは醸造と直接関連づけられる有機化学的情報は得られなかった。経年変化による消失の可能性が考えられるが，使用停止後に別の用途に転用された，あるいはそもそも酢醸造に

用いられていなかったなど，考えられる要因はさまざまである。ただし，白色物質が炭酸カルシウムであった点は，今後の成果に期待できる結果といえる。なぜならば，埋蔵環境下においてタンパク質は土器付着物に含まれる炭酸カルシウム中に良好に残存しやすく，内容物について種レベルでの同定も報告されているためである〔Hendy et al 2018〕。今後，調査を深めることで内容物に特徴的なタンパク質が検出できる可能性がある。

お わ り に

　本研究の結果，酢醸造壺に残る白色物質は炭酸カルシウムであり，古代土器に認められる水酸化アルミニウムとは別の物質であることが明らかとなった。水酸化アルミニウム＝小便由来説で疑問視されているのが，人間の体から排出されるアルミニウムが堆積するほど多いのかという点である〔加藤 2018，p. 704〕。実際に尿からアルミニウムが析出するにはどの程度の尿が必要となるか，現代人のデータから算出すると現代における正常人の1日尿中アルミニウムの排泄量は $20\mu g$ 以下とされる〔和田ほか 1986，p. 315〕。仮に1gのアルミニウムを得るには500日分以上の尿が必要という試算になる。また当然ながら尿は溜まれば捨てられてしまうため，実際にはより多くの尿から少しずつ土器内部に蓄積されなければならない。一方，土器や土壌にはアルミニウムが豊富に存在する。そのため加藤も主張するように，土器に残った尿そのものよりも周辺の物質からアルミニウムイオンが取り込まれたと考えたほうがより自然といえる。以上より，我々も水酸化アルミニウムは二次生成物の可能性が高いと判断する。そして，第3節で述べたように，酸性環境を中和するような物質が存在することによって，水酸化アルミニウムが生成される可能性があるのではないだろうか。本課題については水酸化アルミニウムと遺物との境界面に生成の要因となった元の物質の痕跡がないか調査を行うとともに，引き続き現生データを蓄積して考察を深めていきたい。

　今回もっとも興味深かったのは使用停止後数十年経過した蔵の壺と，使用停止後3～5年経過した壺，使用中の壺から得られた付着物では有機分析の結果が大きく異なっていたことである。第3節で述べたように検討すべきことは

多々あるが，考古学的なタイムスパンからいえばほぼ同時期といえる壺，しかも同じ場所で使用された壺でも異なる結果が得られたということは，現生試料以上にさまざまな要素が加えられるにもかかわらず情報に乏しい古代の土器については，なおさら慎重な解釈が必要といえる。ただし，使用停止後数年単位までは酢醸造に関する痕跡を追えたことや，使用中の壺と使用停止後3～5年経過した壺との比較から経年とともに変化しやすい成分について改めて確認することができたことは，一定の成果といえる。本結果は考古生化学が今後の土器用途研究に対して有効であることと同時に，続生作用について留意すべきことを端的に表しているといえる。

註

(1) 酢は空気を送りながら攪拌して造ると早く発酵が進むため，現代の市販されている酢の多くは，機械で空気を送る「全面発酵」という方法で醸造される。対して，静置発酵は人為的に空気を送らずにあえて酢酸菌の力のみで発酵させる伝統的な技術である。空気に触れる液表面のみでゆっくりと発酵が進むことで，まろみのあるうま味の強い酢が醸造されるという。

(2) 壺の資料番号は筆者らの慣例に従い，とば屋酢を示す「TOBAYA」に3桁の個体識別番号を組み合わせた。また白色物質は壺の個体識別番号に付着物を示す「F」と内面からのサンプリングを示す「I」を組み合わせ，TOBAYA001FI～TOBAYA003FI とした。

(3) 脂肪酸は構造の違いにより「飽和脂肪酸」と「不飽和脂肪酸」の2種類に分類できる。炭素同士に二重結合がない脂肪酸を飽和脂肪酸，二重結合がある脂肪酸を不飽和脂肪酸と呼ぶ。

(4) 予測される化学反応として，壺が蔵に保管されたあと，土器内面に残ったカルシウム（Ca）が空気中の水（H_2O）や二酸化炭素（CO_2）と反応して炭酸カルシウムが生成したか，あるいは酢酸とカルシウムが反応して生成された酢酸カルシウム（$Ca(CH_3COO)_2$）由来の二次生成物質が生じたことなどが考えられる。

参考文献

遠藤祐司・荻野激・野呂田晋 2014「坑廃水のパッシブトリートメントの概要とその適用」『北海道地質研究所報告＝Report of the Geological Survey of Hokkaido』86, pp. 25-35

大道公秀・橘田規・椎野博・清水文雄・西念幸江・小田裕樹・三舟隆之 2021「平城京跡出土の奈良時代須恵器内面に見られた白色付着物の化学分析」日本分析化学会第81回分析化学討論会，オンライン大会

加藤和歳 2010「土器に付着した白色物質の推定に関する予察」『九州歴史資料館研究論集』35，pp. 87-96

加藤和歳 2012「土器に付着した白色物質の推定に関する予察その二」『九州歴史資料館研究論集』37，pp. 93-102

加藤和歳 2018「大宰府出土須恵器に付着する白色物質の推定」大宰府史跡発掘五〇周年記念論文集刊行会編『大宰府の研究』，高志書院，pp. 701-711

厨川道雄・駒井武・張銘 2013『パッシブ・トリートメントの導入に向けて―休廃止鉱山の坑廃水処理―』産業技術総合研究所

村上隆・佐藤昌憲・黒崎直 1998「土器などに付着した白色物質―小便容器の可能性を探る―」『トイレ遺構の総合的研究―発掘された古代・中世トイレ遺構の検討―』奈良国立文化財研究所，pp. 319-321

村上夏希・森川実・田村朋美・庄田慎矢 2021「酢醸造壺の白色付着物に関する科学的検討」『奈良文化財研究所紀要 2021』pp. 74-76

山口悟郎・坂本憲一・白須賀公平 1958「バイヤライトの生成条件と結晶構造」『工業化学雑誌』61-3，pp. 307-310

吉岡尚文・小松正夫 1998「秋田城跡出土の灰釉瓶について」『トイレ遺構の総合的研究―発掘された古代・中世トイレ遺構の検討―』奈良国立文化財研究所，pp. 317-319

和田攻・真鍋重夫・石川晋介・方金福 1986「アルミニウム化合物の生体に対する影響」『軽金属』36-5，pp. 314-324

Hendy, J., Colonese, A. C., Franz, I., Fernandes, R., Fischer, R., Orton, D., Hendy. J. et al & Rosenstock, E. 2018 Ancient proteins from ceramic vessels at Çatalhöyük West reveal the hidden cuisin of early farmers. *Nature communications*, 9-1, pp. 1-10

付記：本研究を遂行するにあたり，貴重なサンプルをご提供くださった，株式会社とば屋酢店の中野貴之様に厚く御礼申しあげます。また調査の実施および分析にあたり，大阪大学の古野正浩様，龍谷大学の田邊公一様，奈良文化財研究所の田村朋美様，脇谷草一郎様にご助言およびご協力を賜りました。誠にありがとうございました。

4　"最古の酒"を疑う
——古代の僧房酒を考える前提として——

庄 田 慎 矢

は じ め に——宗教施設と酒醸造——

　奈良県菩提山正暦寺など日本中世の寺院では，禁・節酒の戒律の存在にもかかわらず，明らかに自家消費を超えた利潤を目的とした酒造りが行われていたことが知られており，このような酒を「僧房酒」と呼んでいる〔加藤 1989〕。僧房酒が盛んとなる中世より前の時代にも，例えば養老僧尼令（718 年）には僧尼の飲酒に関する記述があり，また弘仁年間（810～824 年）に成立したとされる『日本霊異記』（中巻）には「寺の利を息す酒」との記述があるので，本書の主要な舞台である日本古代においても，造酒司など官衙で行われていた酒造りのほかに，寺院での酒造りも行われていたことが知られる。

　古代における寺院醸造の酒をも「僧房酒」と呼ぶかはさておき，宗教施設においてアルコール飲料を醸造することはそれほど珍しいことではない。天野山金剛寺，菩提山正暦寺，そして興福寺や東大寺の例をとってもわかるように，日本の中世寺院と酒醸造は，寺院運営の財源確保のために切っても切れない関係にあった。これは，文献に登場するヨーロッパ最古の醸造施設が 9 世紀初頭のスイスのザンクト・ガーレン修道院である〔青井 2019, p.26〕ように，ヨーロッパにおいても宗教施設とアルコール飲料の醸造が密接に結びついていたこととも類似している。

　したがって，以上のような蓋然性を担保にして，日本古代における酒醸造の具体的な証拠が存在することに期待し，寺院出土の考古遺物の分析によってその実態を明らかにしたくなるのは，自然の欲求であろう。世の中にあふれる書物には，数千年前の酒の証拠を発見したなどと書いてあるものも珍しくなく，化学的知識に基づいた判断基準をもたない読者がそれを信じるのも無理はない

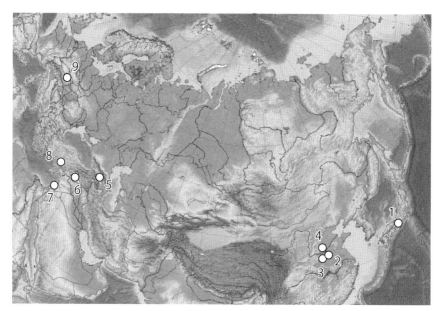

本稿で言及した遺跡

（1：平城宮造酒司・西大寺旧境内，2：長子口墓，3：賈湖，4：殷墟，5：シュラヴェリス・ゴラおよびガダチュリリ・ゴラ，6：ギョベクリ・テペ，7：ラケフェット洞窟，8：チャタルフユク，9：ハルシュタット）

ので，何かを分析すればきっと答えが得られるに違いないと思いがちである。しかし本稿で強調したいのは，考古科学への過剰な期待と，それを誤引用した一般書での知識の暴走が，真実を知ろうとする人々の視界を遮っている現状である。

　アルコール飲料はエタノールという揮発性成分を主とするだけに，数百年，数千年という時間をおいてそのままの状態で遺跡に遺されていることはきわめて考えにくい。古代の酒を発見したとする研究は数多いが，なぜそれを酒と結論づけることができたのか，それらの考古科学的根拠をよく吟味しないことには，砂上に築いた楼閣から，偽酒に酔って足を滑らせ転落しかねないのである。

　そこで本稿では，現在一般書を賑わせている「世界最古級の酒」の事例を原報告に立ち帰って検証し，アルコール飲料の考古科学的同定に関する問題点を

指摘するとともに，それを克服して日本古代の酒醸造を研究するための方法について考えてみたい。なお，本稿で登場する遺跡の位置を，図にまとめて示しておく。

1　ジョージアで見つかった「世界最古のワイン」

　ジョージア国家ワイン庁が発行したパンフレット『GEORGIA ワインの揺りかご』には，「ジョージアに 8000 年のワインづくりの歴史があることは数々の考古学的発見によって証明されています」「クヴェヴリはワインづくりのための最古の器です。8000 年前のクヴェヴリが出土しています」などと書かれている。世界無形文化遺産にも登録されたジョージアのワイン，果たしてその伝統が 8,000 年前に遡ることが「証明」されているのであろうか。

　同冊子には，「化学的な分析により土器から検出された酒石酸カルシウムは，ワインの痕跡に他ならない」とあるので，酒石酸カルシウムが見つかっていることが「最古のワイン」の根拠になっているようだ。しかし，それを報告した原著論文〔McGovern et al. 2017〕を読むと，その根拠のあまりの薄さに愕然とする。この論文では，5,900-5,000 BC に相当するシュラヴェリ - ショムテペ（Shulaveri-Shomutepe）文化期の遺跡である，シュラヴェリス・ゴラ（Shulaveris Gora）出土土器が 10 点，ガダチュリリ・ゴラ（Gadachrili Gora）出土土器が 7 点，FT-IR（フーリエ変換赤外分光），GC-MS（ガスクロマトグラフ質量分析），LC-MS-MS（液体クロマトグラフ質量分析）の 3 つの方法で分析された。FT-IR 分析では酒石酸および酒石酸エステルが検出され，GC-MS 分析では脂肪酸や炭化水素，トリテルペノイドなどが検出された。しかしこれらの化合物はさまざまな植物に含まれているためにどれもワインの存在を積極的に示すようなものではない。一方，LC-MS-MS 分析がもっとも「生産的」で，酒石酸およびそのほかの有機酸（リンゴ酸・コハク酸・クエン酸）が検出され，これがブドウやワインにみられる化合物であることが強調される。

　ワインにみられる化合物と同じものが検体から確認されたということと，それらがほかの飲食物からではなくほかならぬワインにしかみられないということとでは，まったく意味合いが異なるのは言うまでもない。上記化合物類はワ

インの原料となるブドウに限られたものでは決してなく，酒石酸ならばタマリンドやアボカド，リンゴ酸ならばリンゴやバナナ，コハク酸ならば貝類，クエン酸ならばレモンやオレンジ，といったように，ブドウ以外の食物中にも豊富に存在しているのである。これではワインはおろか，ブドウジュースであるかどうかですら，立証できていないではないか。

　結局，ワインの存在というのはブドウの花粉や種子などの考古植物学的発見物，遺伝学的研究からいわれているこの地域でのブドウ品種の多様性など，この地でワイン栽培が古くからあったとしても不自然ではないという蓋然性を頼りにし，きわめて不十分な「化学的」分析結果を拡大解釈したものでしかないのである。

　また，この論文には，上記の分析対象となった土器底部片（紋様がなく帰属時期をどのように判断したのかは不明）のほか，ブドウのモチーフが装飾された完形の土器の写真が「前期新石器時代に典型的な事例」として図示されている。実は，一般書ではこの完形の土器からブドウの種やワインの残存有機物が検出されたものとの誤った情報が記載されていることがある。せめて論文くらいは正しく読んでから引用していただきたいものである。

2　狩猟採集民のビール？

　考古学者には酒呑みが多く，それだけに遠い過去にも酒があったことを信じて疑わない者は多い。私もその一人ではあるが，学問上の検証は慎重であるべきだ。トルコ東部のギョベクリ・テペ（Göbekli Tepe）は，農耕を始める以前の狩猟採集民が残したモニュメントとしては破格の規模で知られる著名な遺跡である。この遺跡の調査者であるディートリッヒらは，確定的ではないとしながらも，この遺跡においてビールのようなアルコール飲料の醸造が行われていたと主張する〔Dietrich et al. 2012〕。その根拠は，最大容量 160 L にも及ぶ石灰岩製の盆型容器の下部に付着した物質に対する化学分析にある。灰黒色の付着物からは，「シュウ酸塩の可能性の高い」証拠が得られたとし（根拠やデータの提示なし），シュウ酸塩が穀物（オオムギ，ヒトツブコムギなど）の浸漬・粉砕・発酵の過程で生成されることを強調した。

問題は大きく2つ。第一に，化学分析の結果を議論に用いるのであれば，その根拠となるデータの提示は必須であるが，それがないことは致命的である。これでは検証のしようがない。第二に，その化合物が確かにシュウ酸塩であったとしても，それがビールの醸造と一対一で結びつくことは決してない。シュウ酸塩のようなありふれたものは，かなり広範囲の食物資源（たとえばビールとは縁遠いルバーブやソバなどにも多くみられる）に含まれていることを，見逃すことはできない。

　ギョベクリ・テペよりさらに3,000年ほど遡った，イスラエルのラケフェット洞窟（Raqefet Cave）でも，ナトゥーフィアン文化期に遡る，狩猟採集民による「ビール醸造の証拠」が劉莉らによって提示された〔Liu et al. 2018〕。墓から出土した3点の石臼は，その中でバスケットにいれた植物を搗き潰すとともにビールの発酵に用いられたものと想定され，分析により「穀物ベースのビール醸造の最古の考古学的証拠」が得られたという。すばらしい想像力だが，果たして本当であろうか。

　この研究では，遺跡出土のデンプン粒・植物珪酸体・植物繊維および石器使用痕が実験研究との比較によって検討され，特にデンプン粒の形態的変化が，発酵の過程でおこる酵母分解とゼラチン化によるものであると判断している。13,000年の年月を経たものの劣化を，現代の実験試料との直接比較によって説明しようとするその勇気には，驚くばかりである。埋没環境においてデンプン粒のような栄養に富んだ有機物が発酵途中の形態的特徴を凍結させて残っているという，その状況がどのようにして実現されたのか，タフォノミーの観点からの説明が求められる。また，珪酸体や繊維，石器表面の光沢をビール醸造と直接結びつけて議論することが難しいことは，言うまでもないであろう。

3　中国最古のビール？

　東洋に目を移しても，ジョージアワインの項で紹介したマクガヴァンらによる研究が登場する〔McGovern et al. 2004〕。舞台となったのはいずれも中国河南省の遺跡で，新石器時代の賈湖（Jiahu）遺跡（紀元前7,000年紀）出土の16点の土器底部片と，安陽殷墟郭家荘（Guojiazhuang）商代墓葬および鹿邑太清

宮長子口（Zhangzikou）墓（いずれも紀元前 2,000 年紀）から出土した青銅器の内部に残っていた液体が，GC-MS，HPLC-MS（高速液体クロマトグラフ質量分析），FT-IR，安定同位体分析などの方法で分析された。

　新石器時代の土器については，FT-IR および HPLC-MS では，現代の米および米酒，ブドウ酒，現代のフィトステロールフェレートエステル，現代の蜜蠟，現代のブドウタンニン，さまざまな樹木樹脂およびハーブ成分，現代のジアシルグリセロールおよび現代の酒石酸カルシウムともよい一致が得られたという。繰り返しになるが，似た成分がみられるということと，ほかでもないワインやビールにしかみられないものが存在するかどうかということとは，議論の次元が違うことに注意が必要である。また，GC-MS 分析では，C_{23}-C_{36} の n-アルカンが一様に存在することが示され，安定同位体分析で得られた $\delta^{13}C$（平均 25.1‰）は，「イネやブドウのような」C_3 植物と一致したという。言うまでもなく，C_{23}-C_{36} の n-アルカンはあらゆる植物にみられるし，C_3 植物には地球上のほとんどの植物が含まれるので，ビールやワインの材料となる植物かどうかはまったく検証できない。

　蓋付きの青銅器の内部に残されていた液体については，GC-MS 分析によりベンツアルデヒド，酢酸，そして米やブドウのワインに特徴的な短鎖アルコール（エタノールではないことに注意）が検出され，HPLC-MS 分析および GC-MS 分析で β-アミリンやオレアノール酸がみられたといい，極めつけは，FT-IR 分析で「両サンプルは現代および古代の樹脂化したワインサンプルに最も類似している」という。何と比較して最も類似しているのかが不明であり，アルコール飲料であることを結論づけるための似た者探しに終始する研究といえ，ここでも明らかな拡大解釈が行われている。

　マクガヴァン氏とアメリカのビールメーカー Dogfish Head Craft Brewery の協業によって，「シャトー・ジァフー」なる商品も開発された。そのウェブサイトには，「9,000 年前の中国北部新石器時代の河南省賈湖村で発見された土器から，米，蜂蜜，果物を混ぜた発酵飲料が，ちょうど中東で大麦ビールやブドウ酒が作られ始めた頃に作られていたことが明らかになりました」と書かれている。暴走もここまでくると，もはや歯止めは効かない。

おわりに

　以上のように，現在最古級の酒とされている研究事例は，一般書にあるような「科学的に証明された」という自信に満ちた記述とは裏腹に，真にアルコール飲料の存在を裏づけるような研究ではない。アルコール飲料の存在が想定できそうな状況証拠に，分析という派手な衣装を着せた似た者探しをプラスして，まるで化学的証拠を確保したかのように拡大解釈を行っているに過ぎない。

　では，アルコール飲料を考古学あるいは考古化学で解明する方法はないのかというと，そこまで悲観することはないというのが筆者の立場である。本稿で見てきたような，特定の化合物をアルコール飲料と結びつける研究の限界は指摘したところであるが，これをアルコール発酵と直接関わる微生物のレベルまで追跡すれば，これまでとは水準の違う研究が可能になるであろう。質量分析技術の飛躍的発展を基礎として微生物の考古学は日進月歩であり〔Warinner et al. 2017〕，最近ではオーストリアのハルシュタット岩塩鉱山から出土した糞石のDNA分析によって，酵母菌サッカロミセス・セレビシエ（*Saccharomyces cerevisiae*）のDNAが検出されたとの驚くべき研究もある〔Maixner et al. 2021〕。

　特殊な環境において埋没・保存されていた生体分子をうまく取り出すことができれば，微生物レベルで過去のアルコール飲料の研究ができるようになる日も近いかもしれない。平城宮造酒司や西大寺旧境内で出土した大型の須恵器甕は，酒や酢の醸造に用いられた蓋然性の高い資料といえるが，これを化学的に分析して醸造と関連する証拠を得るためには，現在主流となっている土器胎土に染み込んだ化合物の同定だけでは困難である。トルコの新石器時代の遺跡であるチャタルフユク出土土器の白色付着物のように，土器の内容物由来のタンパク質を数千年間保持するような良好な試料〔Hendy et al. 2018〕を見つけ，その分析方法について，現代の類似試料や実験的研究を積み重ねたうえで，分析事例を蓄積していくことが結局は近道となるであろう。現在筆者らは，現代の壺酢・泡盛・焼酎・清酒などの醸造に用いられる土製容器の内面に共通してみられる白色付着物に注目して，そのような研究に取り組んでいる。詳細は，本書の村上ほかによる論考を参照していただきたい。

参考文献

青井博幸 2019『ビールの教科書』講談社

加藤百一 1989「僧房酒—諸白つくりへのアプローチ—」『酒史研究』7, pp. 1-38

Dietrich, O., Heun, M., Notroff, J., Schmidt, K., & Zarnkow, M. 2012 The role of cult and feasting in the emergence of Neolithic communities. New evidence from Göbekli Tepe, south-eastern Turkey. *Antiquity*, 86-333, pp. 674-695

Hendy, J., Colonese, A. C., Franz, I., Fernandes, R., Fischer, R., Orton, D., Lucquin, A., Spindler, L., Anvari, J., Stroud, E., Biehl, P. F., Speller, C., Boivin, N., Mackie, M., Jersie-Christensen, R. R., Olsen, J. V., Collins, M. J., Craig, O. E., & Rosenstock, E. 2018 Ancient proteins from ceramic vessels at Çatalhöyük West reveal the hidden cuisine of early farmers. *Nature Communications*, 9-1, p. 4064

Liu, L., Wang, J., Rosenberg, D., Zhao, H., Lengyel, G., & Nadel, D. 2018 Fermented beverage and food storage in 13,000 y-old stone mortars at Raqefet Cave, Israel: Investigating Natufian ritual feasting. *Journal of Archaeological Science : Reports*, 21, pp. 783-793

Maixner, F., Sarhan, M. S., Huang, K. D., Tett, A., Schoenafinger, A., Zingale, S., Blanco-Miguez, A., Manghi, P., Cemper-Kiesslich, J., Rosendahl, W., Kusebauch, U., Morrone, S. R., Hoopmann, M. R., Rota-Stabelli, O., Rattei, T., Moritz, R. L., Oeggl, K., Segata, N., Zink, A., … Kowarik, K. 2021 Hallstatt miners consumed blue cheese and beer during the Iron Age and retained a non-Westernized gut microbiome until the Baroque period. *Current Biology* : CB, 31-23, pp. 5149-5162. e6

McGovern, P. E., Zhang, J., Tang, J., Zhang, Z., Hall, G. R., Moreau, R. A., Nuñez, A., Butrym, E. D., Richards, M. P., Wang, C.-S., Cheng, G., Zhao, Z., & Wang, C. 2004 Fermented beverages of pre- and proto-historic China. *Proceedings of the National Academy of Sciences of the United States of America*, 101-51, pp. 17593-17598

McGovern, P., Jalabadze, M., Batiuk, S., Callahan, M. P., Smith, K. E., Hall, G. R., Kvavadze, E., Maghradze, D., Rusishvili, N., Bouby, L., Failla, O., Cola, G., Mariani, L., Boaretto, E., Bacilieri, R., This, P., Wales, N., & Lordkipanidze, D. 2017 Early Neolithic wine of Georgia in the South Caucasus. *Proceedings of the National Academy of Sciences of the United States of America*, 114-48, pp. E10309-E10318

Warinner, C., Herbig, A., Mann, A., Fellows Yates, J. A., Weiß, C. L., Burbano, H. A., Orlando, L., & Krause, J. 2017 A Robust Framework for Microbial Archaeology. *Annual Review of Genomics and Human Genetics*, 18, pp. 321-356

5　須恵器内面にみられた白色付着物のバイヤライト

大 道 公 秀

1　土器内面にみられる白色物

　考古学分野では発掘調査において，内面に付着物がある土器が出土すること
がある。この付着物は土器の内容物に由来したと考えられる。したがって，こ
の付着物の起源を明らかにできれば，土器の用途や当時の生活の様子を解明で
きることになる。確認される土器内面付着物のほとんどは黒色付着物であり，
それらは食品を煮詰めてできた炭化物（いわゆる「おこげ」）と推定される。こ
の「おこげ」の起源解明については，その当時の食生活を明らかにできるた
め，すでに国内外で盛んに研究が進められてきている〔庄田ほか 2017，大道ほ
か 2018〕。一方で，土器内面に白色の付着物が確認される事例もある。この白
色付着物は，水酸化アルミニウムと同定されている報告〔吉岡ほか 1998，村上
隆ほか 1998，黒崎 1998，加藤 2012a・b〕がある。そして，それら報告の多く
が水酸化アルミニウムの結晶多型の一種であるギブサイトとして同定されてい
る〔吉岡ほか 1998，村上隆ほか 1998，黒崎 1998，加藤 2012a〕。一方でギブサイ
トとは異なる水酸化アルミニウムの結晶多型の一種のバイヤライトと同定され
た報告もある〔加藤 2012b〕。これらの先行研究では，近世・近代の汲取式遺
構（いわゆるトイレ遺構）に埋設された甕に白色物質が付着していた経験的知
見〔吉岡ほか 1998，村上隆ほか 1998〕を根拠に，いずれも小便（尿）由来の可
能性を挙げている。しかし，それらは仮説に過ぎず科学的には証明されていな
い。黒崎直氏（1998）も，白色物付着土器を尿容器の可能性に言及しているも
のの，水酸化アルミニウムの成因が不分明なため，確定にはいたれないとして
いる。加えて，そもそも現代の小便器に水酸化アルミニウムが付着していると
いう科学論文がこれまでにない。

このように，土器内面に水酸化アルミニウムが付着している要因は明らかになっておらず，小便由来には科学的根拠がない。

今般，内面に白色物が存在する奈良時代須恵器が平城京跡より出土した事例があった。白色物が付着した土器片は，上述のように，いわゆるトイレ遺構と関連があるとされてきたが，本稿で取り上げる試料が出土したのはトイレ遺構あるいはその周辺でもない。そこで白色物付着土器の用途，白色物成因の解明を目的に，土器内面の白色物の化学分析を行ったところ，ギブサイトとは異なる水酸化アルミニウムの結晶多型のバイヤライトを同定できた〔大道ほか2023〕。本原稿では，その事例を解説し，白色物の成因についての考察を紹介したい。

2 分析試料について

平城宮の東方にある法華寺周辺（奈良時代には法華寺，藤原不比等邸，光明皇后宮，阿弥陀浄土院があったとされる地域）の発掘調査〔芝ほか 2013〕で，柱穴から出土した須恵器甕の胴部片内側に白色物が付着していた。この須恵器甕の胴部片は器壁が薄いので，大甕ではなく小型から中型甕と推定されたものである。時代は奈良時代と推定されている。この須恵器片（奈良文化財研究所所有の資料）付着物より剥落した白色物をポリエチレン製の袋内に保存し，分析対象とした。

3 蛍光X線分析

非破壊で元素組成を知るうえで，蛍光X線分析の手法は有用であり，考古学分野でもよく利用されている。物質にX線を照射した時に発生する蛍光X線を検出することでその物質に含まれる元素の種類とその量を調べることができる。

そこで，元素組成を非破壊で把握するため，エネルギー分散型蛍光X線分析装置を用いて分析した。試料を照射口にかき集め，フィルムをかけたうえで，X線を入射し，得られた蛍光X線から組成を調べた。この際にFP（Funda-

Al₂O₃(酸化アルミニウム)	65
SiO₂(二酸化ケイ素)	21
MgO(酸化マグネシウム)	4
K₂O(酸化カリウム)	3
P₂O₅(五酸化二リン)	2
Na₂O(酸化ナトリウム)	2
S(硫黄)	1%未満
CaO(酸化カルシウム)	1%未満
Fe₂O₃(酸化鉄)	1%未満
Pb(鉛)	1%未満

装置には，OURSTEX 101FA を用いた。分析条件は，管電圧 40 kV，管電流 0.5 mA，測定時間 100 秒，測定雰囲気は分光室 真空下，試料室 大気下である。X 線照射径は 8 mmφ となり，測定範囲元素は Na から U となる。検出器は，SDD (Silicon Drift Detector) である。〔大道ほか 2023〕の表を一部改変

mental Parameter) 法を採用した。FP 法は理論計算を利用する蛍光 X 線独自の定量法である。蛍光 X 線発生の原理に基づき，測定条件と Fundamental Parameter (物理定数) を用いて，標準品を必要とせずに蛍光 X 線強度を理論的に計算することができる。この理論強度計算を用いて，組成を求める方法が FP 法である。ただし解釈には注意が必要である。この方法では測定可能元素の Na から U までをトータル 100% として組成割合を計算する。上述のように Na から U までが測定可能であるが，炭素 (C) は測定ができないため，食品の焦げのように炭素が主成分の試料であれば，得られる組成割合は実際の試料中の元素組成割合から乖離し，実際の組成割合より過大評価することになる。また標準物質を使用しない方法であるので，各元素の正確度，精度を議論するのは困難である。とはいえ，厳密な標準物質がなくとも組成が未知な試料の半定量的組成割合を得ることはできるため，考古学分野だけでなく，多様な分野で広く利用されている。上述の注意点を併記したうえで，FP 法による蛍光 X 線分析の解析結果を紹介したい。

　表は各元素のおおまかな組成割合情報を得るため，測定可能元素（Na から U）をトータル 100% としたときの半定量的組成割合を FP 法により算出したものである。FP 法による半定量的組成割合として最も組成割合として高かったのは Al₂O₃ として 65% であり，続いて SiO₂ として 21% となった。この白色物は Al を主成分とする物質と想定した。

4　赤外分光分析（FTIR 分析）

物質に赤外線を照射すると赤外線は分子構造に応じて吸収される（赤外吸

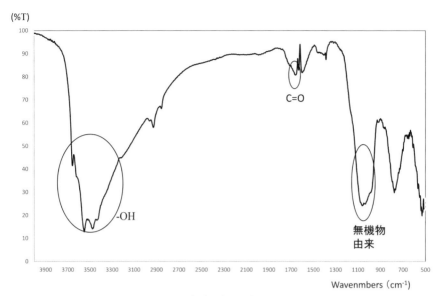

(%T)

C=O

-OH

無機物
由来

Wavenmbers（cm⁻¹）

図 1　赤外吸収スペクトル

装置には FT/IR-4600（日本分光）を用いた。分析条件は，分解能 4 cm^{-1}，アポダイゼーション関数 Cosine，積算回数 16 回であり，検出器は TGS（Triglycine sulfate）である。
〔大道ほか 2023〕の図を一部改変

収）。これを利用して分子の構造を調べる手法を赤外分光法（FTIR 法）という。理論的には，試料が平面で，試料からの拡散反射光を集光できる光学系が得られたならば，非破壊で分子骨格を観察することができる。しかしながら，実際の考古試料の表面はざらざらしており，十分な感度を得られないため，現時点の技術では非破壊で十分なデータを得ることは困難である。

　今回も，非破壊による分析を試みたが，スペクトルを得られなかったため，白色物のごくごく微量（数 mg）について，KBr 錠剤法による前処理後に FTIR 分析を行った。

　図 1 に赤外吸収スペクトルを示した。1,800～1,600 cm^{-1} 付近に C＝O 基の赤外吸収を確認した。何らかの有機物の酸化物が存在していることを示している。

　また 3,800～3,200 cm^{-1} 付近の幅の広い信号は OH 基の吸収である。1,100 cm^{-1} 付近には無機物由来の吸収も確認できる。このことから何らかの無機物に OH

基が結合していることが示唆される。蛍光X線分析の結果を考え合わせると，その無機物は Al の可能性が挙げられるため，白色物中に水酸化アルミニウムが存在していることが類推できる。さて，白色物質はこれまでに報告されているような水酸化アルミニウムの結晶なのだろうか。それを確認するためには X 線回折による結晶構造の確認が必要となる。

5 X 線 回 折

X 線回折は，結晶構造を知ることによって化学組成を分析する方法である。X 線回折と蛍光X線分析とは基本的な原理が同一であり，ともに非破壊分析が可能である。X 線回折パターンとデータベースの回折パターンを照合することにより未知物質の同定ができる。

　そこで，X 線回折による同定を試みた。まず，X 線照射を 500 μm まで絞った幅の狭いビームと二次元検出器による微少部測定（測定 A）に加え，絞ったX 線を用いず幅の広いビーム（10 mm 幅）で測定を行い，定性的な情報を得る

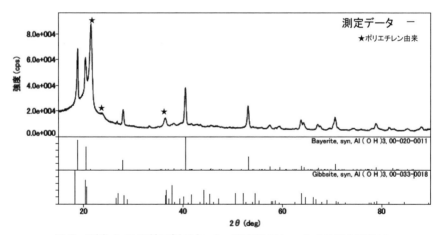

図 2　測定 A の X 線回折パターン（照射径 500 μm による微少部測定）

分析装置にブルカー製 D8 Discover with GADDS を用いた。分析条件は，管球 Cu，電圧 45 kV，電流 110 mA，ステップ間隔 0.02°，照射径 500 μm，光学系 平行ビーム，検出器 二次元検出器である。試料保持のため，ポリエチレン製の試料袋に入れたまま測定した。〔大道ほか 2023〕の図を一部改変

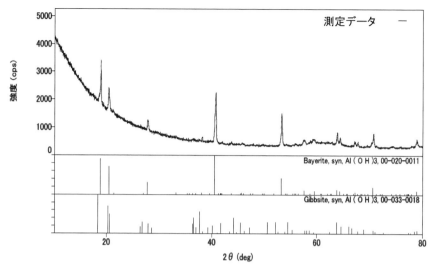

図3　測定BのX線回折パターン（照射径 10 mm による幅の広いビーム測定）
リガク製 SmartLab9kW を用いた。分析条件は，管球 Cu，電圧 45 kV，電流 200 mA，ステップ間隔 0.02°，照射径 10 mm，光学系 集中法 ヨハンソンモノクロメータ，検出器 高速一次元検出器である。測定は試料袋から試料を取り出して試料に X 線を照射した。
〔大道ほか 2023〕の図を一部改変

ことを試みた（測定B）。

　X線照射径500 μm にて局所的な結晶構造を解析（測定A）したところ，白色物を水酸化アルミニウムの結晶多型の1つのバイヤライトと同定した（図2）。白色物の X 線回折パターン（図3）は，これまでに多数の報告例があったギブサイトの X 線回折パターン（図の下段）とは明らかに異なっており，中段のバイヤライトの回折パターンと一致した（なお，図の上段の回折パターンには★印で示したが，試料袋のポリエチレンの回折も観測されている）。白色物をバイヤライトと同定した事例は，加藤和歳氏（2012b）の報告にもあるが，白色物をギブサイトと同定する事例の方が多く，珍しい。

　さて，測定 A は500 μm という局所的な微少部の測定であり，測定範囲を広げるとギブサイトとの混在が見つかる可能性もあると考えた。

　そこで，絞った X 線を用いずに，幅の広いビームで測定を行い，広範囲な情報を得ることを試みた（測定B）が，測定 A 同様にバイヤライトのみが同定

された（図3）。図の上段が試料の測定データである。図の中段のバイヤライトの回折パターンとは一致したが，下段で示すギブサイトの回折パターンとは一致しない。すなわち白色物はバイヤライトである。

今回の試料となった白色物は，ギブサイトではないが水酸化アルミニウムという点では，これまでの報告と同一ではある。そして今回の試料は，水酸化アルミニウム生成過程において，何らかの要因でバイヤライトが優先的に生成した事例と考えられる。

6　白色物の起源は何か

今回，分析対象とした白色物の起源は何だろうか。候補として，①小便，②顔料，③釉薬，④漆喰，⑤外部環境，⑥アルミニウム集積植物（用途は喫茶，生薬，媒染剤か），⑦何らかの二次的な生成物という可能性を候補として挙げてみた。

このうち①の小便由来説について考えたい。これまでに白色物を水酸化アルミニウムと同定し，それを小便に由来するとした推測は上述したように，すでにある。しかし，尿中のアルミニウムの組成割合は相対的に高くない〔和田ほか 1986，西牟田 2009〕。また，今回の試料はトイレ遺構からの検出ではなく，トイレ・小便との関連性が確認されるものではない。したがって，少なくとも本試料は小便由来説を肯定できない。

なお水酸化アルミニウムの生成過程において，pH が高い塩基性環境下ではギブサイトよりもバイヤライトが生成しやすい〔Barnhisel 1965〕。逆に酸性下でギブサイトが生成しやすい〔Barnhisel 1965〕。仮に土器内面に観察される白色物が小便に由来するのであれば，小便の pH が関係していた可能性がある。とはいえ，いまのところ白色物が小便に由来するという説は科学的に不確かと考えている。

それでは，②顔料，③釉薬の可能性はどうだろうか。蛍光 X 線分析の結果，この試料から鉛は検出されなかった。少なくとも鉛を主成分とするような顔料や釉薬の痕跡はない。例えば釉薬を使うとされる奈良三彩の場合には，基礎釉・緑釉・褐釉それぞれに占める鉛の割合は 50% 近いとされる〔矢部 2000〕。

また，カルシウムも FP 法による半定量的組成割合は 1% 未満であったため，カルシウムを主成分とするような④漆喰の可能性も低いだろう。

つぎに⑤外部環境に由来した付着物だろうか。これまで白色物が見つかるのは，須恵器の壺や甕の内面であり，今回の試料もそうである。また土師器先般や須恵器食器には白色物が観察された報告はなく，器種の偏りがある。すなわち，白色物は外部環境に由来した付着物というよりも，内容物，土器の使用用途に由来したとみた方が妥当だろう。

食品由来の可能性はあるのか。現在のところ，それを積極的に支持する証拠はないが，一部の茶樹，茶葉にはアルミニウムが高濃度で存在するため起源の候補に挙げてみた。しかし，喫茶文化史研究の通説では，平安時代前期に茶を煮出して飲む唐式の煎茶法が伝来したとされている〔橋本 2018，永井 2020〕。本研究で扱った試料は喫茶文化が伝来したとされる時期より古い年代の遺物であることから，年代的に茶由来というのは支持しにくい。なお，茶樹以外にもアルミニウムを豊富に含有する植物はある。そこで⑥茶樹以外の「アルミニウム集積植物」を起源とする可能性は残っているが，具体的な起源となる植物と，その根拠はいまのところ見当たらない。

さて，内容物がそのまま存在したというよりも，内容物が何らかの化学反応を経て，⑦二次生成物として水酸化アルミニウムが残存していると考えるのはどうだろうか。一般に土壌環境，土器胎土中のアルミニウム組成割合は高い。何らかの内容物由来物質が，土壌や土器胎土から溶解したアルミニウムとの反応を経て水酸化アルミニウムの結晶が生成したと考えることはできる。特に今回の試料の白色物ではバイヤライトが生成しやすい高塩基性条件下〔Barnhisel 1965〕での反応が起こり，ギブサイトではなくバイヤライトが生成し，今回それが確認されたのだと考えている。ただし，その立証はできてはいない。

今回，ギブサイトではなくバイヤライトが検出されたことについて再度考えてみたい。白色物はギブサイトとして検出されることが多いので，本稿で紹介したバイヤライト検出事例は珍しい。ギブサイトとバイヤライトは同じ水酸化アルミニウムであり，結晶構造のわずかな違い（図4）しかない。そこに，白色物の起源を考えるうえでのヒントがあるかもしれない。白色物をバイヤライトと初めて報告したのは，加藤氏〔加藤 2012b〕である。この加藤報告で分析

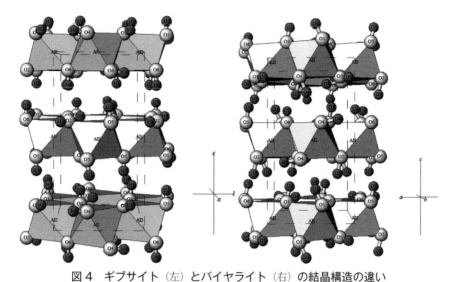

図4 ギブサイト（左）とバイヤライト（右）の結晶構造の違い
出典：結晶構造ギャラリー（https://staff.aist.go.jp/nomura-k/japanese/itscgallary.htm）

の対象とされているのはいわゆるトイレ遺構ではなく，この点は今回の報告と共通する。ただし加藤氏はその報告（2012b）の中で，移動式小便器の可能性に言及しており，小便容器由来説に傾倒している。今後，土器に付着する白色物がバイヤライトと検出された事例が蓄積されるならば，その共通する特徴から，白色物の起源および成因の解明に近づけると私は考えている。また，現生試料においても白錆（アルミニウムの水和酸化物）として，ギブサイトやバイヤライトが生成している事例はある。その反応の違いは何かを明らかにすることも，白色物質の成因解明の糸口となるはずと考えて，研究を継続している。

　さて，現時点においては，上述の考察を踏まえ，白色物は二次的生成物として考えるのが妥当だと私は考えている。村上氏らは現生資料（試料）である酢醸造壺に付着した白色物の分析をはじめ，現生資料のデータを蓄積しながら，埋蔵環境下に晒されたとき，どのような反応が起こるのかを検討している〔村上夏ほか 2021〕。筆者もまた，これまでの知見と考え合わせながら，二次的生成物についての検証を進めている。

　村上氏らは，現生資料である，前出の酢醸造壺白色付着物を炭酸カルシウムと同定している。また，もろみ酢に発生する白色沈殿物をシュウ酸カルシウム

と同定した事例もある〔比嘉 2005〕。このように現生資料の容器内面に付着した白色物はアルミニウム塩に限らない。村上氏らは，考古資料に付着している白色物探求のためには，現生資料によるデータの蓄積が必要であると述べている。私もまた現生資料（試料）ではどのような過程で白色物が残留・付着しているかの知見を踏まえ，長期間の埋没中にどのような化学変化が起きる可能性があるのかを今後，検討していきたい。

参考文献

大道公秀ほか 2018「調理後残存炭化物の炭素及び窒素安定同位体比からの古代食解明を目指したパイロットスタディー」『日本食品化学会誌』25-1, pp. 45-52

大道公秀ほか 2023「平城京跡出土の奈良時代須恵器内面に存在したバイヤライト」『分析化学』72, pp. 57-62

加藤和歳 2012a「土器に付着した白色物の推定に関する予察その二」『九州歴史資料館研究論集』37, pp. 93-102

加藤和歳 2012b「薬師の森遺跡第5次調査出土須恵器に付着する物質の科学的調査」『大野城市文化財調査報告』100, pp. 222-226

黒崎直 1998「発掘された古代・中世のトイレ遺構」『奈良国立文化財研究所年報』1998-1, pp. 16-17

芝康次郎ほか 2013「平城京左京二条二坊十五坪の調査　第501次」『奈良文化財研究所紀要　2013』pp. 197-204

庄田慎矢，オリヴァー＝クレイグ 2017「土器残存脂質分析の成果と日本考古学への応用可能性」『日本考古学』43, pp. 79-89

永井晋 2020『中世日本の茶と文化　生産・流通・消費をとおして』勉誠出版

西牟田守 2009「尿中微量元素」『臨床検査』53, pp. 177-179

橋本素子 2018『中世の喫茶文化　儀礼の茶から「茶の湯」へ』吉川弘文館

比嘉賢一 2005「もろみ酢に発生する沈殿物に関する研究」『沖縄県工業技術センター研究報告書』7, pp. 13-17

村上隆ほか 1998「土器などに付着した白色物質─小便容器の可能性を探る─」『平成7〜9年度科学研究補助金研究報告』奈良文化財研究所, pp. 319-321

村上夏希ほか 2021「酢醸造壺の白色付着物に関する科学的検討」『奈良文化財研究所紀要　2021』pp. 74-76

欠部良明 2000「日本人の好んだ奈良三彩」『日本の美術　2000年5月号』pp. 48-66

吉岡尚文，小松正夫 1998「秋田城跡出土の灰釉瓶について」『平成7〜9年度科学研究補助金研究報告』奈良文化財研究所，pp. 317-319

和田攻ほか 1986「アルミニウム化合物の生体に対する影響」『軽金属』36, pp. 314-323

Barnhisel R. I., Rich C. I. 1965 "Gibbsite, Bayerite, and Nordstrrandite Formation as Affected by Anions, pH, and Mineral Surfaces", *Soil Science Society of America, Proceedings* 29, pp. 531-534

付記：化学分析にお力添えいただいたアワーズテック株式会社の椎野博さん，清水文雄さん，（一般財団法人）日本食品検査の橘田規さん，日産アーク（株）の技術者の皆さまにお礼申し上げます。

　また各種助言をいただきました，（独）国立文化財機構奈良文化財研究所の小田裕樹先生，東京医療保健大学の三舟隆之先生，西念幸江先生をはじめとする三舟科研のメンバーにも感謝いたします。

　なお，本原稿は令和3年（2021）5月23日，日本分析化学会第81回分析化学討論会において一部発表したもの，および〔大道ほか2023〕の論文に加筆を行ったものである。

Ⅲ　出土遺物をめぐる再現実験

1 西大寺食堂院跡出土の果実種実と古代食の再現

三舟隆之・遠藤まりな・小林ひなた・佐々木玲衣

はじめに——西大寺食堂院跡出土の果実の種実——

　藤原京跡・平城京跡などの都城遺跡や西大寺食堂院跡からはさまざまな種実が出土している〔奈良文化財研究所 2015〕。なかでも西大寺食堂院跡の井戸SE950 からは多数の果実種子が出土した。主に，モモ核・カキノキ種子・ナシ亜科種子・ウメ核などで，平城京内の井戸の中でも特に多種多様な果実種子が見つかっている。『延喜式』や「正倉院文書」といった史料にも，「桃」や「梨」などの果実がみえるが，これらがどのように食されていたか，再現実験を通して検証してみたい。

1　史料にみえる果実——モモとナシ——

桃（モモ）

　モモの原産地は中国で，縄文時代の終わりに日本にもたらされたとされる〔有岡 2012，那須 2014〕。その後，3 世紀前半の奈良県纒向遺跡から 2,000 個以上のモモの種が出土し，弥生・古墳時代には全国的に植樹されていたと考えられている〔岩崎ほか 1991〕。現在のモモは明治時代以降，ヨーロッパ種によって品種改良されたもので，それ以前の在来種のモモは「果形小さく肉質堅くして酸味多く果汁に乏しく品質極めて劣等」であったらしく〔恩田 1915〕，古代のモモもこのように小型で酸味が強い果実であったと考えられる。

　モモは『和名類聚抄』（以下，『和名抄』）に「桃子　漢の武帝の内伝に云はく，西王母の桃は三千年で一生実る〈西王母は仙人の名なり。桃の音は陶。和名は毛々。楊氏漢語抄に云はく，錦桃〉」とあって，「モモ」と呼ばれていた。

143

図1 「桃子三斗」と
書かれた木簡
（奈良文化財研
究所所蔵）

『和名抄』にも見えるように，モモは中国では仙人の食べ物とされ，神仙思想の不老不死に代表される食物の1つであり，『幽明録』「天台の神女」では仙境に入り込んだ男たちに仙女たちがモモを持参してくるという記述がみえる。そのためか，法隆寺や平城宮跡などの古代遺跡からモモの核が出土すると，祭祀遺物とされることが多い。

　また平城京左京三条二坊一・二・七・八坪の長屋王邸跡から「桃子三斗」（奈良国立文化財研究所『平城宮出土木簡概報』25-23上，以下「城」と略）という木簡が出土しており（図1），平城宮・京でモモが食されていたらしい。

　『延喜式』宮内省諸国例貢御贄条には信濃国からの貢進が記されているが，一方で「正倉院文書」宝亀2年（771）の「布施屋守曽禰刀良解」（『大日本古文書』6-121，以下『大日古』と略）には「桃九根」とあってモモの苗木が存在し，さらに『延喜式』内膳司雑果樹四百六十株条には「桃百株」とあるから，モモがこの頃にはすでに栽培されていたことがわかる。

　そのほか，『古事記』神代では，黄泉の国から伊邪那岐命が逃げ帰るときに，黄泉比良坂の坂下で「桃子」3つを投げて助かったとあり，伊邪那岐命から人々を助ける神として，「桃子」に「意富加牟豆美命」の名が授けられた。『万葉集』巻19-4139には，「天平勝宝二年三月一日の暮に，春苑の桃李の花を眺矚して作りし二首」として，「春の園紅にほふ桃の花下照る道に出で立つをとめ」とあり，また「はしきやし我家の毛桃もと繁く花のみ咲きて成らざめやも」（同巻7-1362）ともあり，庭にモモの木が植えられていることも知られる。

　食用の時期は『延喜式』内膳司供奉雑菜条に「桃子四升〈七・八・九月〉」とあり，天平11年（739）の「写経司解」（『大日古』2-184）では「桃子六斗二升　価銭卅八文」とあり，そのほか「桃子四斗直〈升別十五文〉」（『大日古』

6-88）や「七十八文桃子一斗五升直」（『大日古』13-280）とあって，平城京では東西市などで売られていたことがわかる。ただ計量単位は「斗・升」であるので，今のモモとは違って比較的小ぶりなものであったと思われる。

　江戸時代の『本朝食鑑』によれば，モモは山桃・野桃の別があり，紅桃・淡紅桃・緋桃・碧桃・白桃・紅白の混じるモモなどがあるとし，このうち紅桃の味ははなはだ甘美であるが，白桃は実は小さくて苦いとする。紅白の混じるモモも夏秋は苦く酸っぱく，冬になって霜に遭うと旨くなるとある。また核仁（たね）は桃人（モモの実のさね）のことで，『本草綱目』に詳しいとする。

　現在の我々はモモをそのまま食べているが，古代では漬物にしていたことが『延喜式』内膳司漬年料雑菜条にみえ，「桃子」２石につき塩１斗２升を用いている。容積比でみれば塩分濃度は６％であるから，短期間の保存であったと思われる〔土山ほか 2016〕。「正倉院文書」でも「浄清所進る漬菜壱正〈貝三十の桃に水葱を交ぜる〉」（『大日古』3-412）とあって，30個のモモに水葱を混ぜて漬けていたらしい。ほかにも「桃子肆斗〈漬料〉」（『大日古』6-98）や「漬料ノ桃子」（『大日古』18-14），「桃子漬一埦」（『大日古』11-352）とある。さらに「充てる食料の米五斗〈三斗は常食料，二斗は漬ける桃子の直の料〉」（『大日古』14-105）とあって，米２斗をモモの漬物の購入費にしていたと思われる。

梨（ナシ）

　ナシは『和名抄』では「梨子　唐韻云はく梨〈力脂は友切。和名は奈之〉」とあり，「ナシ」と読んでいる。『日本書紀』持統７年（693）３月丙午条には「詔して，天下をして，桑・紵・梨・栗・蕪菁等の草木を勧め殖えしむ。以て五穀を助くとなり」とあり，桑や栗などとともに栽培が奨励されており，また『延喜式』内膳司雑果樹四百六十株条にも「続梨百株」とあるところから，ナシが栽培されていたことが知られる。

　藤原宮跡北面中門地区から出土した荷札木簡には「・高椅連刀自梨・○□三斗」とあり（『飛鳥藤原宮発掘調査出土木簡概報 22』奈良文化財研究所）（・は木簡の表裏の有無を示す），さらに『延喜式』内膳司年料条には信濃で「梨子一荷」とあり，同宮内省諸国例貢御贄条「信濃〈梨子…〉」「甲斐〈青梨子〉」「因幡〈…梨子…〉」，同大膳下諸国貢進菓子条の甲斐国には「青梨子五擔」因幡国

「梨子二擔」とあって甲斐・信濃・因幡から貢進されていることがわかる。平城京左京三条二坊八坪二条大路濠状遺構（南）から出土した木簡にも「・瓜四百六十二顆直銭一百卅三文之中　大七十顆　別一文二顆　小三百九十二顆　別一文四顆・柿子一石四斗二升直銭八十五文　別斗六文　梨子三斗直銭卅文　別升一文　茄子四斗二升直銭一百廿六文　別升三文　合四種物直銭三百七十四文」とあって（城22-15上〈97〉），ナシが調などの税として都に貢納され，平城京ではカキやウリなどとともに交易されていたことがわかる。

　『万葉集』巻10-2188・2189で「黄葉のにほひは繁ししかれども妻梨の木を手折りかざさむ」「露霜の寒き夕のあきかぜにもみちにけらし妻梨の木は」と詠まれており，「妻が無し」とかけているところから「ナシ」と呼ばれていたことは明らかである。また平城京跡の右京一条三坊十三・十四坪から出土した木簡には「□子卅果　梨子卅果」（木研35-12頁-〈19〉）とあり，蜜柑とともに記載され，計量単位が「果」であるから，個数で数えられていたことがわかる。一方，先ほど引用した左京三条二坊八坪の二条大路木簡には「別斗六文梨子三斗直銭卅文」とあって，ナシ３斗が銭30文で交易されていたことが知られるとともに，ここではナシが「斗」（升）という容量で計量されている。「正倉院文書」では天平宝字４年（760）７月３日に干ガキやクリとともに「梨子弐斗〈日別二升〉」（『大日本古文書』14-357）が支給されていることから，果実として食用にあてられたと思われ，また「斗・升」で計量されているので，モモもナシも小型のものであったと思われる。

　『本朝食鑑』にはナシの保存法として以下のような記載がある。まず熟しかけのナシを採り，１個ずつ厚紙で包み，重ねて藁で固く縛り，5〜6個包んで屋根の下や竈の上に高く懸けておくと，長持ちして食べられるという。

　モモとナシ以外の果実では，カキは平城京左京二条二坊五坪二条大路濠状遺構（北）から「九月廿四日内給柿子二顆」（城24-22下〈189〉）や「干柿子」（城29-38下〈486〉），「天平八年九月十六日干柿子卅八例」（城24-22下〈197〉）などの木簡が出土している。また「正倉院文書」天平宝字４年７月３日の「東寺写経所解案」に「干柿」（『大日本古文書』14-357）がみえることから，現在と同様に干しガキが作られていたことが知られる。『延喜式』内膳司供奉雑菜条には「柿子二升〈九・十・十一月〉」，内膳司漬年料雑菜条には「柿子五升〈料塩

二升〉」とあって，容積比にすると塩分濃度39%で塩漬けにする例もあること
がわかる。このほか，文献史料には梅子（ウメ）・枇杷子（ビワ）・胡桃（クル
ミ）などがみえ，考古資料としては藤原宮・京跡からキイチゴ・ブドウ・モモ
などの種実が，平城宮・京跡からはモモ・クルミ・スモモ・ヤマモモ・ナシな
どの種実が出土している〔小池ほか 2016〕。

2　西大寺食堂院跡出土のモモ核・ナシ種子

都城遺跡出土のモモ核とナシ

〈モモ〉

　モモは薬料としての性格もあり，藤原宮跡では溝 SD105 から「弾正台笠吉
麻呂請根大夫前〈桃子一二升／奉直丁刀良〉」（木研 5-83 頁 -〈40〉）という木簡
が出土している。藤原宮跡の溝 SD105 からは典薬寮関係の木簡が多数出土し
ており，これは薬物請求木簡と考えられるので，モモも薬料として扱われてい
たことが知られる。藤原宮西面南門地区の溝 SD1400 からも「人参十斤」「葛
根六斤」「当帰十斤」「杜仲十斤」「独活十斤」「白朮四斤」「桃人七斤」などと
記された荷札の木簡が多数出土しているほか，「□□子四両桃四両桂心三両白
芷三両」（木研 11-33 頁 -2〈3〉，飛 9-11 上〈68〉）とある木簡では，薬草ととも
に記載されている。そのほか藤原宮跡では，東面外濠 SD170 からも「桃人一
升」（藤原宮 3-1108）と記された木簡が出土している。「桃人」は「桃仁」と同
じと思われ，現在でも「桃仁」は漢方薬として使われている。陶弘景の『神農
本草経集注』（『本草集注』）果下品に「桃核」とあり，モモは邪気を払うとあ
る。SD105 からの薬料木簡の中には「本草集注上巻」（木研 5-84 頁 -〈44〉）と
書かれた木簡も出土しているので，『本草集注』に基づいた薬学知識がすでに
日本に存在したことが知られる。日本では『本草和名』や『医心方』に「桃核
毛々」とある。現在も血液の停滞や通便作用などの下腹部の痛みを治すのに使
われている。
　さらに『延喜式』典薬寮中宮朧月御薬条では「桃仁」は「モモサネ」とあ
り，モモの種を指す。そのほか『延喜式』には「桃仁」がいくつもみえるの
で，一般的な薬料であったと思われる。諸国進年料雑薬条では山城国の「桃仁

図2　平城宮跡東方官衙地区SK19189出土（第440次調査）**モモ核**

「九升」をはじめ，大和・伊賀・尾張・参河（みかわ）・駿河・相模・上総・常陸・能登・丹波・但馬・因幡・出雲・播磨・美作・備前・備中・備後・安芸・周防・長門・紀伊・阿波・讃岐・伊予・土佐から貢進されている。

　一方で平城宮跡からは，式部省東方官衙の井戸や大膳職の土坑，東西大溝跡など多数の遺構からモモ核が出土している。また平城京跡でも左京三条二坊の長屋王邸跡の溝SD4750などからも多数のモモ核が出土しており（図2），木簡の記載内容とも合致する。モモ核は宮内・京内の遺構から多数出土しているが，糞便遺構からの出土はほとんどみられない。このことから，モモは核まで食べず，食べる際は果肉のみで，核は別に廃棄していたと考えられる。

　このように，モモの核の種子は「桃仁」として薬料として用いられていた可能性もあるが，モモ自体は食用としての果実の可能性も高い。

〈ナシ〉

　ナシは，平城京左京二条大路環状遺構SD5100から果実そのものが出土している〔奈良文化財研究所 2015〕。その報告書の巻頭図版2の写真とスケールを見ると15 mm以下で，現在のナシと比較するとかなり小さい。このほかナシ亜科果実は平城宮東院井戸SE16030，東大溝SD2700，造酒司周辺SD11600などからも出土している。

　以上，木簡や考古資料からモモ核・ナシ果実・種子を概観した。そこで次に，西大寺食堂院跡出土のモモ核について見ていきたい。

西大寺食堂院跡出土のモモ核・ナシ種子

　西大寺食堂院跡からは，モモのほ
かにナシ・カキ・ウメ・冬瓜の種子
などが井戸跡 SE950 から出土して
おり，モモの核については 129 点の
出土が報告されている。核の大きさ
についてはバラツキがあり，割れて
いないものと割れているものとがあ
る。ただし割れているものを観察し

図 3　西大寺食堂院井戸跡 SE950 出土
桃の種子

たが，人為的なカット痕は認められなかった。モモ核は平城宮跡などの糞便遺
構からは出土していないから，やはり現在と同じように食べる際には捨てられ
ていたと思われる。ナシの種子はモモ核のそれより出土数は少なく，また小さ
いためほとんど完形である。モモ核は平城宮などの出土遺構の傾向からは井戸
跡からの出土が多いので，祭祀との関係性も否定できない。

　注目すべきは，図 3 のように何かに囓られたと思われるモモ核があること
で，同様な例は平城宮跡出土のものにもみられる。第Ⅱ部第 1 章にもあるよう
に西大寺食堂院跡の井戸跡 SE950 からは鼠の骨も出土しているので，これら
の核は鼠に囓られた可能性がある。

3　古代の果実における保存法

　以上のように，都城跡からは多数の果実種子が出土しており，樹木が栽培さ
れていたこと，果実が諸国から貢進されていたことが木簡や『延喜式』からも
判明する。「正倉院文書」からは果実を漬物として加工し，市などで交易して
いたこともわかる。そこで次にこれらの果実がどのように漬物として保存され
ていたかを見ていきたい。

「正倉院文書」にみえる果実の漬け方

　先述のとおり「正倉院文書」には「浄清所進る漬菜壱正〈員三十の桃に水葱

表1 『延喜式』内膳司漬年料雑菜条にみえる果実と塩分量（容積比）

	果実名	読み	漬け方	量	漬塩量	塩分濃度
1	桃子	モモ	塩漬	2石 (142 L)	1斗2升 (8.4L)	6%
2	柿子	カキ	塩漬	5升 (3.6 L)	2升 (1.4L)	39%
3	梨子	ナシ	塩漬	6升 (4.3 L)	3升6合 (2.6L)	60%

単位は容積（L ＝ $\frac{\text{リ}}{\text{トル}}$）

を交ぜる〉」とあって，30個のモモに水葱を混ぜて漬けていたほか，「桃子肆斗〈漬料〉」「漬料ノ桃子」「桃子漬一塸」とある。

『延喜式』にみえる果実と保存法

漬け方が判明するのは『延喜式』内膳司漬年料雑菜条で，モモは「桃子」2石に塩1斗2升を用いている。容積比でみれば塩分濃度は6％であるから，短期間の保存であったのであろうか。またナシでは「梨子」6升に対し塩3升6合が使われ，容積比の塩分濃度は60％である（表1に果実の漬け方と塩分量をまとめた）。

これによれば，容積比ではあるが，モモは塩分濃度6％前後，ナシにいたっては塩分濃度60％で漬けている。

4 古代における果実の漬物再現実験

「正倉院文書」や『延喜式』から，古代では果実を塩漬けにしていた例が判明するが，実際にはどのように漬けていたのであろうか。中国の『斉民要術』には「梨葅法」として，初めに塩汁を作り小さい梨と一緒に瓶に入れ，水を注いで口を泥で塞ぐとある。それらを参考にしながら，以下ではその再現実験を行ってみた。

A：モモ

「正倉院文書」や『延喜式』には果実と使用する塩の量は示されているものの，果実を丸ごと漬けていたのか，皮を剝いていたのかなどの記載はみられなかった。そのため，どのような方法で漬けられていたのかは不明である。そこで丸ごと塩漬けにしたものと食塩水に浸けたものを再現実験し（塩分量は容積比を用いた），果実と漬け汁の食塩濃度・糖度をそれぞれ測定した。

① 塩漬け

　プラスチック製の漬物容器に，モモの重量の60%（『延喜式』の梨の塩分量）の食塩を入れて直射日光の当たらない場所に置き，変化を観察した。

② 食塩水

　『延喜式』に記載されている「桃」の漬物の塩分量6%に基づいて，6%の食塩水で漬けた。重石を使用した丸ごとのものと，皮付きのまま8等分に切って重石を用いたものを作り実験した。

③ 結果

　漬け汁の食塩濃度・糖度には，変化はなかった。丸ごと塩漬けしたものは果実の水分が抜けてしまった。また漬け汁に浸けた皮付き8等分のものは食塩濃度・糖度は徐々に低下し，3日目に漬け汁が濁りはじめ，7日目には容器にカビが生じた。

④ 考察

　モモはいずれの方法でも1週間程度で腐敗し，塩漬けは失敗に終わった。モモを夏場の常温で保存したため腐敗速度が速くなってしまったと考えられる。また品種改良により，古代のモモより大型で糖分が高いことも原因として考えられる。

　現在のモモは明治時代以降，ヨーロッパ種や中国種をもとに品種改良が進み，大型化して肉質や風味が増している。それ以前の在来種は小ぶりで肉質堅く，酸味が多くて果汁に乏しいものであったらしい〔有岡 2012〕。そこで次にモモの代わりにプラムを使用して同様の実験を行った。

表2　プラムA（225g）の記録

実験日	気温(℃)	果実 糖度(%)	漬け汁		
			糖度(%)	塩分濃度(%)	pH
10/9	22	10.0	7.0	6.0	6
10/11	24	6.0	6.0	5.0	5
10/13	26	7.0	6.0	5.0	4
10/15	24	10.0	6.0	5.0	3

表3　プラムB（223g）の記録

実験日	気温(℃)	果実 糖度(%)	漬け汁		
			糖度(%)	塩分濃度(%)	pH
10/9	22	11.0	7.0	6.0	6
10/11	24	10.0	6.0	5.0	4
10/13	26	8.5	6.0	5.0	3
10/15	24	10.0	6.0	5.0	4

B：プラム

まず2個のプラム（A：225 g，B：223 g）の汚れを取り除き，漬ける前の重量を測定した。そしてアルコール消毒した容器に入れ，プラムの重量に対して6％の食塩水をプラムが浸るまで入れて蓋をし，重石をかけた。その後2日ごとにプラムの糖度，食塩濃度と漬け汁の糖度，食塩濃度，Ph を測定した。測定の記録は，表2・3の通りである。

結果

プラムA・Bどちらも漬けはじめた日と比べ，果実の糖度・漬け汁のpH が下がっていった。pH が低下しているため，細菌が発生していると考えた。果実中の塩分濃度は，A は下がっているが，B は上昇していた。漬け汁中の糖度はどちらも同じ下がり方であった。重石によって果実の形が崩れて果汁が漬け汁に混ざり，変化が起こったと考えた。漬けはじめて5日目に A の漬け汁表面に球形のカビのようなものが浮かんでいた。B には漬け汁に靄がかかったようになっていた。

そこで次に，以下のような一般細菌検査を行った。まずクリーンベンチ内で漬け汁（以下，原液と称する）を1 ml 採取し，チューブに加え10倍に希釈した。次に生菌数測定用プレート2枚に，調整した試料を1 ml ずつ滴下した。同様の手順を，乳酸菌数測定用プレートにも行った。試料ごとにバットにまとめて，30℃恒温庫に72時間から120時間放置し，培養48時間経過後にコロニーの有無を調べた。その結果，プラムA・Bでは，培養48時間では一般生菌，乳酸菌ともコロニーは検出されなかったが，120時間経過後には確認することができた。しかし，プラムからは一般生菌は検出されたが，乳酸菌は検出

表4　プラムA　コロニー数

プラム A		一般生菌 CFU/ mL	乳酸菌 CFU/ mL
10⁵ (120時間)	①	17 × 10⁵	0
	②	17 × 10⁵	0

表5　プラムB　コロニー数

プラム B		一般生菌 CFU/ mL	乳酸菌 CFU/ mL
10⁵ (120時間)	①	41 × 10⁵	0
	②	26 × 10⁵	0

されなかった（表4・5）。

ナシ

ナシ2個（A：218g，B：212g）の汚れを取り除き，漬ける前の重量を測定した。次に，アルコール消毒した容器にナシを入れ，ナシの重量に対して6％の食塩水をナシが浸るまで入れ，蓋をして重石をかけた。その後，2日ごとにナシの糖度，食塩濃度と，漬け汁の糖度，食塩濃度，Phを測定した。測定の記録表6・7の通りである。

ナシA・Bの漬け汁のpHは日を重ねるごとに低下し，酸性に傾き菌が発生していること予想された。ナシAおよびBともに果物のpHは4から5に変化した。一方，ナシA本体の糖度はあまり変化がみられなかった。ナシA本体の塩分濃度は，上昇→低下→上昇という結果となった。一方，ナシAの漬

表6　ナシAの記録

| 実験日 | 気温(℃) | 果実 | 漬け汁 | | |
		糖度(%)	糖度(%)	塩分濃度(%)	pH
10/9	16	11.5	—	6.0	7
10/11	19	11.5	5.5	5.5	7
10/13	24	10.5	5.5	4.5	6
10/14	24.5	11.5	5.5	4.5	5

表7　ナシBの記録

| 実験日 | 気温(℃) | 果実 | 漬け汁 | | |
		糖度(%)	糖度(%)	塩分濃度(%)	pH
10/9	16	12.5	—	6.0	7
10/11	19	11.0	5.5	5.5	7
10/13	24	12.4	5.4	5.5	6
10/14	24.5	10.5	5.0	4.0	6

表8　ナシA　コロニー数

ナシA (48時間)		一般生菌 CFU/mL	乳酸菌 CFU/mL
10^3	①	262×10^4	
	②	213×10^4	
10^4	①		45×10^5
	②		49×10^5
10^5	①	94×10^6	30×10^5
	②	110×10^6	42×10^5
10^6	①		1×10^6
	②		9×10^6

表9　ナシB　コロニー数

ナシB (48時間)		一般生菌 CFU/mL	乳酸菌 CFU/mL
10	①	405×10^2	16×10^2
	②	448×10^2	10×10^2

け汁の糖度は変化しなかったものの，塩分濃度は徐々に低下した。ナシB本体の糖度・塩分濃度はともに低下→上昇→低下という結果となった。ナシBの漬け汁の糖度・塩分濃度はともに徐々に低下した。5日間の観察では，異臭や漬け汁の濁りなどは確認されなかった。

　一般生菌検査・乳酸菌検査では，漬け汁からは一般生菌・乳酸菌がともに検出された（表8・9）。ナシのpHの低下は，乳酸菌による影響だと考える。

結果

　塩漬けや糠みそ漬けなど発酵による漬物の大部分は，乳酸菌によるものである。今回の果実の再現実験では，モモとその代用としてのプラムからも乳酸菌は検出されず，腐敗してしまった。乳酸発酵の邪魔をするものとして，液面に増殖する白カビ（産膜酵母）があり，これが漬液の旨味を消費し，カビ臭を出し，風味を害する。白カビは好気性なので，毎日上下を攪拌し，糠床面を変化させる必要がある〔小川 1996〕。夏に行った予備実験に白カビが生じていたため，コロナの影響でできなかったが，試料を毎日攪拌していれば腐敗速度を遅らせることができたのではないかと思われる。一方，ナシでは乳酸菌発酵が認められたので，漬物としての保存は可能と考えられる。

おわりに

　果実の漬物例として現代ではリンゴの漬物がある。これは，9月初旬に間引きした青リンゴ2kgを樽に入れてリンゴが隠れるくらいの水を入れ，リンゴの重量の4％の塩を振り入れ，押し蓋をして重石を乗せるとあり〔酒井ほか1984〕，3ヵ月ぐらいで食べられるようになる。このほかにもカキの塩漬けなどが存在する。

　今回の再現実験は，新型コロナウイルス感染症の感染状況が悪化したため，大学内での実験が思うようにできず，困難を極めた。モモとその代用のプラムでは失敗したが，ナシでは乳酸菌発酵が認められ，漬物としての可能性を示すことができた。『斉民要術』では，秋に作れば翌年の春にできるとある。また食べるときにはナシの皮を剝き，全体を薄切りにして盛り付け，ナシの漬け汁

に少量の蜜を入れて甘酸っぱくしたものをかけるとある。この記述から漬け汁は酸っぱいものであることが推測され、おそらく乳酸菌発酵していると思われる。今回の実験で作成したナシの漬物は乳酸菌発酵が認められたことから、『斉民要術』に記されているものと同じようなものができたものと思われる。西大寺食堂院でも、僧侶たちはこのようなナシやモモ、さらにはカキや木簡にみえるクリなど、さまざまな果実を食していたのではなかろうか。

参考文献

有岡利幸 2012『桃』（ものと人間の文化史）法政大学出版局

岩崎卓也・石野博信・河上邦彦・白石太一郎編 1991『古墳時代の研究 4　生産と流通 I』雄山閣出版

小川敏男 1996『漬物と日本人』日本放送出版協会

恩田徹彌 1915「果樹栽培史」『明治園芸史』日本園芸研究会

小池伸彦・芝康次郎・庄田慎矢 2016「古代の植物性食生活に関する考古学的研究」『浦上財団研究報告書』23

酒井佐和子・酒井玲子 1984『新・漬け物事典』主婦の友社

土山寛子・峰村貴央・五百藏良・三舟隆之 2016「『延喜式』に見える古代の漬物の復元」『東京医療保健大学紀要』11-1

那須浩郎 2014「古代のモモ」『BIOSTORY』22

奈良文化財研究所 2015『古代都城出土の植物種実』2013〜2015 年度公益財団法人浦上食品・食文化振興財団学術研究助成『古代の植物性食文化に関する考古学的研究』成果報告書

人見必大 1977『本朝食鑑』二（東洋文庫）平凡社

附章　古代モモの漬物再現再実験

三舟隆之・岩澤彩加・宮久保　舞・山田茉由・金田一秀

は じ め に

　2019 年に行った果実の漬物再現実験は，ナシの方は乳酸菌が検出されて漬物として保存することが可能と推定されたが，モモの方はことごとく腐敗し失敗に終わった。その主な原因は，現在のモモが明治時代以降，品種改良を重ね，糖度が高くなり肉質も柔らかくなっていったことにあるものと思われる。今回，改めて古代のモモに近い品種を発見したので，それを用いて再度，モモの漬物の再現にチャレンジした。

1　試料のモモについて

　試料に用いたモモは「稲田桃」と呼ばれ，現在東大阪市が再生栽培に力を入れている。伝承によれば，このモモは天正年間に豊臣秀吉が淀の方のために東大阪の稲田に植えたものの子孫とみられる。現在の水蜜種のモモとは DNA が異なりケモモと系統が近く，一番古代種に近いとされる。大きさは 5〜6 cm で，先端が尖り身は固く（図1），熟すれば身は赤色で糖度は 11〜13 度になり，甘酸っぱい味わいだという。2022 年 5 月 27 日，奈良文化財研究所の庄田慎矢氏らと，田原本町黒田で「古代モモ」を栽培している片岡慎治氏から聞き取り調査を行ったところ，収穫の時期は 7 月中旬から 8 月中旬とのことであった。7 月 20 日に片岡氏から試料として 20 個ほど分けてもらった。

図1　現代のモモ（左）と田原本町黒田の稲田桃（右）

2　再現実験

　現在我々はモモをそのまま食べているが，古代には漬物にしていたことが
『延喜式』内膳司漬年料雑菜条にみえ，「桃子」2石につき塩1斗2升を用いて
いる。容積比で見れば，塩分濃度は6％である。「正倉院文書」でも30個のモ
モに水葱を混ぜて漬けていたものがある。ほかにも「漬料ノ桃子」（『大日本古
文書』18-14），「桃子漬一埦」（『大日本古文書』11-352）などの例があるとある。
このモモをなぜ漬物にしていたのかについて，再度実験を試みた。

実験手順
　中国の『斉民要術』には「梨菹法」（ナシの塩漬け）として，初めに塩汁を
作り小さい梨と一緒に瓶に入れ，水を注いで口を泥で塞ぐとあるので，その方
法を応用して食塩水につける方法で行う。
① 　奈良県田原本町黒田の「古代モモ」（「稲田桃」）を使用した。
② 　モモの汚れを取り除き，漬ける前の重量を測定した。モモの果実の高さ
　　の平均は約50 mm，最大幅の平均は約47 mm，重さの平均は約51 g で
　　あった。
③ 　『延喜式』の容積比から6％の食塩水を作った。アルコール消毒した漬

図2　古代モモの漬け汁状態

　物容器2つ（試料①，②）にそれぞれ食塩濃度6%の食塩水1,600 mlずつを入れ，モモを3個入れ，モモ全体が食塩水につかるように蓋をかけた。

④　1週間後に果実と漬け汁の糖度，漬け汁の食塩濃度を測定し，pHを測定した。

細菌検査

〈細菌検査①　7/28〉

　約1週間後に細菌検査を行った（一般生菌・大腸菌・乳酸菌）。

(1)　培地は，3M™ ペトリフィルム™ 生菌数測定用プレート，AC プレート，3M™ ペトリフィルム™ E. coli および大腸菌群数測定用プレート，EC プレート，3M™ ペトリフィルム™ 大腸菌群数測定用プレート，CC プレート，3M™ ペトリフィルム™ 乳酸菌数測定用プレート，LAB プレートを使用した。

(2)　クリーンベンチ内で，漬け汁（以下，原液とする）を1 ml 採取し，9 ml の滅菌生理食塩水とよく混合する。これを10倍希釈液とし，さらに10段階希釈を行い，100倍，1,000倍ならびに10,000倍に希釈した。

(3)　調整した各希釈液1 mlを生菌数測定用プレート2枚の，下部培地フィルム中央に接種した後，上部フィルムを気泡が入らないように閉じた。

表 1　モモの漬け汁の細菌検査 (容器A)

実験日	一般生菌	乳酸菌	大腸菌	大腸菌群
2022/8/1	2.9×10^3	0	1.6×10^2	2.5×10^2
2022/9/5	3.5×10^3	0	0	0

単位：CFU/g

表 2　モモの漬け汁の細菌検査 (容器B)

実験日	一般生菌	乳酸菌	大腸菌	大腸菌群
2022/8/1	0	0	0	0
2022/9/5	4.3×10^3	0	2.7×10^2	6.0×10

単位：CFU/g

⑷　同様の手順を，大腸菌，大腸菌群並びに乳酸菌数測定用プレートで行った。

⑸　乳酸菌プレート培地をアネロパック嫌気ジャーに入れ，嫌気条件下およびそのほかのプレート培地は恒温槽内で，25℃ 96 時間培養した。

〈細菌検査②　8/1〉

⑹　一般生菌・大腸菌・乳酸菌および嫌気性菌数を測定した。結果を表 1・2 に示した。

⑺　漬物汁の pH は，容器 A と容器 B ともに pH 3.70 であった。

　今回の実験結果では漬物汁の pH が低くいため，菌の増殖が抑えられたものと推定される。

〈細菌検査③　9/1〉

　約 6 週間後に細菌検査を行った（一般生菌・大腸菌・大腸菌群・乳酸菌）。細菌検査①と同様の方法で行った。

〈細菌検査④　9/5〉

⑴　一般生菌・大腸菌・大腸菌群・乳酸菌数数を測定した。結果を表 1・2 に示した。乳酸菌はこちらも検出されなかった。

⑵　漬物汁の pH は，容器 A が pH 6.05，容器 B が pH 5.26 で，ともに弱酸性であった。

⑶　漬け汁の塩分濃度は，容器 A が 6.1％，容器 B が 5.3％ であった。漬け汁の塩分濃度は，漬けた時点と変化はなかったと考えられる。

〈モモの塩分濃度測定　9/22〉

　次にモモの果実内部にどのくらい塩分が浸透しているか，測定した。試料①から1個取り出すと，実はやや柔らかくなり，しんなりしはじめていた。

　まずモモの皮を剥き，モモ核を取り除いて1／4の9.1gをミキサーにかけた。そこに蒸留水1.2gを入れ，さらに蒸留水4.4gを加えて遠心分離機に15,000rpmで5分間遠心した。測定した塩分濃度は，2.0%であった。植物一般の塩分濃度が0.85%であることを考えると，モモの内部まで漬け汁の塩分が浸透していたと思われる。

　この結果から，モモの果肉の有機酸が溶出し，漬け汁のpHが低下することにより，中性から酸性に変化したと思われる。また容器上面に白いカビが覆っていたが，モモに腐敗臭はなく腐敗している様子はなかった。また前回の実験のように果実の形の崩れもみられなかった。カビが漬け汁表面を覆うように生育したため，漬け汁内への微生物の侵入が阻止されたものと思われる。

3　結果と考察

　1週間後と6週間後の細菌検査から得られたコロニーの特徴から，以下のように判定した。

〈ECプレート培地〉

　気泡の発生を伴わない青色から赤色コロニーであることから，得られたコロニーは大腸菌であると考えられる。

〈CCプレート培地〉

　気泡の発生がみられなかったことから，得られたコロニーは大腸菌群ではないものと考えられる。

〈LABプレート培地〉

　乳酸菌の存在は認められなかった。容器Aでは乳酸菌を除き，1週間後の検査では，10^3/gの菌数であったのに対して，6週間後では，大腸菌数と大腸菌群数はともに陰性となった。容器Bでは容器Aとは逆に6週間後で10^3/gの菌数となった。

〈塩分濃度〉

　モモの塩分濃度は，測定した塩分濃度は 2.0% だった。植物一般の塩分濃度は 0.85% なので，塩分濃度は高いといえる。

　モモの果肉から一般より高い塩分濃度が検出されたところから，漬け汁の塩分がモモ果肉内部に浸透していたと思われる。

お わ り に

　容器 A と容器 B ともに菌数は最大でも 1 g あたり 10^3 と，生菌数としては少ない結果となった。ただし，大腸菌と非大腸菌群の菌数については，1 週間後と 6 週間後で逆転がみられた。一般生菌数に違いはみられなかった。

　今回モモの漬物の細菌検査の結果から，漬けてから 1 週間後にはすでに pH が低い酸性条件であることから，ほとんどの細菌類の生育が抑制され，細菌数が少なくなったものと考えられた。逆にカビの生育がみられたことから，腐敗よりも真菌によるカビの発生が優先的にみられ，食べられるかどうかは別として，保存性という観点から日持ちは長くないのではないかと考えられた。なぜモモを塩で漬けて保存したのか。モモの漬物については，さらなる再現実験を引き続き行っていきたい。

2 西大寺食堂院跡出土木簡から見る「飯」の再現

西 念 幸 江・三 舟 隆 之

は じ め に

西大寺食堂院跡からは，越前国から運ばれた米の荷札木簡や米を保管した際の付札木簡と並んで，「飯」と書かれた木簡も多数出土している。「飯」の木簡の多くは支給伝票で，「飯」は労働の対価として支給されたらしい。このような「飯」の支給は長屋王家木簡でもみられ，支給者や被支給者などの記載内容に共通性が見られる。

一方，「飯」がどのような食品であったかという論議は，実はあまりなされていない。支給された「飯」は調理された食品であるから，当然保存性が問題となろう。古代は「蒸す」炊飯法であることが明らかであるが，実は粳米を蒸しても芯まで加熱されず硬くてパサパサしたものしかできない。そこで本稿では西大寺食堂院跡から出土した「飯」の木簡から，古代の「飯」がどのようなもので，なぜ煮るのではなく「蒸す」方法がとられたのか，炊飯実験を通して検証してみたい。

1 西大寺食堂院跡出土木簡にみえる「飯」

西大寺食堂院跡からは多数の木簡が出土しているが，このうち明らかに「飯」に関係する主な木簡は以下の通りである（記号は，奈良文化財研究所「木簡庫」から引用）。

① ・飯弐升○客房侍倉人一人鎰取一人合二人間食料＼○三月五日＼寺主「□□」□都□「聞円」○少都□〔那ヵ〕

・○「銭□貫文○少寺主＼○〈〉○而○□□□○而□□□

（011 型式，SE950-c 層，木研 29-21 頁-〈7〉，城 38-16 下〈41〉）

② ・飯壱升○伊賀栗拾使間食料○八月廿七日○目代□〔倉ヵ〕○〔人ヵ〕○

・□□□□□□○八月四日〔目ヵ〕□□＼○倉人＼○上座○寺主○可信○□□
□○□□

（011 型式，木研 29-21 頁-〈6〉，城 38-16 下〈40〉）

③ ・飯壱升○□

・□□

（081 型式，SE950-d 層，城 39-21 下〈146〉）

④ 飯壱斗壱升○蔓菁洗漬並→＼上座○寺〜主〜「信〜如〜」可信

（019 型式，SE950-d 層，木研 29-21 頁-〈8〉，城 38-16 下〈42〉）

⑤ ・飯壱升五合〈〉

・〈〉○寺主□○可信○都維□

（081 型式，SE950-d 層，城 39-21 上〈139〉）

⑥ 飯壱斗伍升○蔓菁□女□並仕丁

（091 型式，SE950-d 層，木研 29-22 頁-〈12〉，城 38-17 上〈46〉）

⑦ ・謹啓欲請飯事合一石／少□／＼此照趣垂処処処○恵□

・○〈〉＼〈〉＼○〈〉

（019 型式，木研 35-12 頁-〈9〉）

⑧ 寺主□□飯三升

（081 型式，木研 35-13 頁-〈29〉）

⑨ ・十日朝参漆口○／頭一人○多守師○多表師○慈舜師／慈□師○保忠師
○別当守泰／

・「飯壱升○雑□□常料○十一月四日＼○寺主」『□□』「□□○〔可信ヵ〕〈〉

（011 型式，木研 29-21 頁-〈9〉，城 38-16 下〈43〉）

※出典…木研：『木簡研究』（木簡学会），城：「平城宮発掘調査出土木簡概報」（奈
良文化財研究所）

このうち「飯」の支給に関する木簡は①②④⑥⑧⑨で，支給伝票と考えられ
る。記載項目は支給品目／数量・被支給者／用途・支給日・支給責任者・決済
署名からなり，長屋王家木簡などの支給伝票木簡とも共通する点がみられる。

①の木簡は，「客房侍倉人」（客房にいる倉人）１人と「鎰取」１人合わせて２人に，それぞれ飯１升を間食料として支給したもの，②の木簡は，「伊賀栗拾使」に間食料として「飯壱升」を支給したものである。④⑥は「蔓菁」（蕪菁）の漬け込みに従事した女性や仕丁に飯を支給している。⑨は朝参の僧侶への飯の支給木簡であろう。①②にみえる「間食」は，一般的には朝夕以外に支給された食事と考えられているが〔関根 1969〕，「臨時受食者への食」と理解する説もある〔山口 2013〕。『日本霊異記』上巻二縁の美濃国の説話では，家室が労働の対価として稲春女たちに「間食」を充てていることがみえるが，西大寺食堂院の蕪菁の漬け込みに従事する女性たちも，「間食料」という記載はないが同様であったと思われる。一方，⑨の木簡は朝参の僧侶たちの歴名として作成されたものを二次利用しており，「雑□□常料」として「飯」が支給されていたことが知られる。

　食堂は文字通り僧侶が食事する場所であるが，吉川真司氏によれば，僧侶が一緒に食事を行うという共食儀礼を通して，寺僧集団の秩序を維持する儀礼空間でもあったという〔吉川 2010〕。吉川氏の指摘は食堂の消滅という視点からも有効ではあるが，それでも西大寺食堂院から出土する遺物群は，やはり僧侶たちの食事を行う場所という食堂本来の機能を示している。『東大寺要録』諸会章第五には，正月や３月３日などの節句に僧侶たちに支給された食料として，干飯・餅・酒・餲飩・栗・芋などが挙げられている。

　浅野啓介氏は，西大寺食堂院跡から出土した②の「伊賀栗」の木簡について，伊賀国の栗ではなく「毬栗」であった可能性を指摘する〔浅野 2012〕。その理由として，伊賀国名張郡に西大寺の栗林が存在していたが（『西大寺資財流記帳』），西大寺と名張は直線距離で 30 km 近くあって，作業時間を含めても２日間はかかり，「飯壱升」では一日の路銀としては少ないことを挙げる。しかし「伊賀栗拾使」という栗を拾いに行く使いは季節的な臨時の職務であり，西大寺という大寺院の僧侶の食を管理する場合には大量の栗が必要となるならば，自らの寺院の栗林に向かうというのが合理的なのではないか。

　いずれにせよ西大寺ではさまざまな業務を行う際に，「米」ではなく「飯」が支給されていた。西大寺食堂院跡からは越前国からの米の荷札木簡や，米の保管に使用したとされる付札木簡も出土している。それが「米」ではなく，

「飯」で支給された意味を次に考えていきたい。

　古代の炊飯法は，弥生時代には湯取り法といって，甕に米と水を入れて沸騰させ，その後余分な水を捨てるというものであった。これは現在でも東南アジアで行われている炊飯法である。ところが古墳時代になると朝鮮半島から甑（こしき）が伝わり，米を蒸す方法がとられるようになった。この変化については，合理的な説明が現在でもできておらず，小林正史氏は米の品種変化が原因とする〔小林 2018〕。「飯」は粳米を甑などを使用して蒸したものと考えられるが，この方法では米の芯まで加熱されないので，どうしてもパサつき固いままであることが実験でわかっている〔西念 2021〕。当時の「飯」は強飯（こわいい）といい，一方現代のご飯は「姫飯」といって，饐（かたかゆ）である。

　『宇津保物語』（うつほ）「吹上上」では，貴族の家の給食の調理の様子を知ることができる。

　　　これは大炊殿。廿（にじゅつこく）石入る鼎（かなえ）ども立てて，それが程の甑どもたてて，飯炊ぐ。欅（きさ）の木に，鉄の脚つけたる槽四つ立て並めて，みな品々なる飯炊ぎ入れたり。所々の雑仕（ぞうし）ども，使ひ人，男に櫃持たせて，飯量り受けたり。間一つに臼（うす）四つ立てたり。臼一に，女ども八人立てり。米精げたり。

　この様子から，甑を使った炊飯法は大量調理に向いていることが知られる。「造石山所解　〔寺〕脱ヵ　申請雑物等事」（『大日本古文書』15-138）には「釜壱口〈受一石已下四斗已上〉役夫等食物料理料」とあり，『大安寺伽藍縁起幷流記資財帳』や『法隆寺伽藍縁起幷流記資財帳』にある釜は金属製，とりわけ鉄釜と考えられ，銅製のものもみられる。2斗から5斗までが大体の容量で，「足釜」も同じである。先述した「受一石已下四斗已上」は4斗から1石までの範囲ならば使用可能ということであろう。1石は10斗＝100升で，現在の約400升に相当する。釜の大きさは，径が2尺6寸（約78cm）から1尺（約30cm）で，深さは3尺6寸（約108cm）から1尺前後のものがみられる。

　また釜には甑（こしき）が伴うが，数が少ないことから共用具であったと思われ，「石山院奉写大般若経用度雑物帳」（『大日本古文書』5-290）には「釜二口〈各受五斗已下〉甑一口〈受五斗〉」とあり，これからすると，甑は釜とほぼ同じ容量である。大きさは『法隆寺伽藍縁起幷流記資財帳』の例を見ると，径3尺5寸（約105cm）・高さ3尺5寸（105cm）のものと，径1尺3寸（約40cm）・高さ

2尺1寸（約63cm）のものがある。また『延喜式』大炊寮寮家年料条には「甑三口〈高各三尺，口径三尺，有蓋〉」とあり，蓋付きのものがあることが知られる。西大寺食堂院でも，同様な炊飯具で炊飯が行われていたと思われる。このように釜と甑を用いて粳米を蒸す炊飯法は，大量調理に向くことが推測される。

　労働の対価として支給された西大寺食堂院跡出土木簡にみえる「飯」は，このような大量調理で炊飯されたのであろう。さらに長屋王家木簡に「・十一月四日店物〇／飯九十九笥／直九十九文／〇別笥一文・酒五斗直五十文〇／別升一文／右銭一百冊九文／」（城21-29上〈301〉）とあるように，余乗の飯や酒を市で販売していたことが知られる。「飯」は笥ごとの単位で販売されており，このことからある程度保存が利くものであった可能性がある。それゆえ伊賀栗拾いの使いに間食料として持たせることができたのであろう。

　しかし先述したように，粳米を蒸しても米の芯まで十分な加熱はできず，固いままである。この米を蒸す炊飯法について，小林氏は二度蒸しをした可能性を東南アジアの民族事例から検証している〔小林 2019，2021〕。そこで次にこの「飯」がどのようなものであり，どのように調理されたのか，炊飯実験を行って明らかにしたい。

2　「飯」の保存と調理実験

試料と調製条件

　本実験では現在最も消費量が多いコシヒカリ（2021年茨城県産）を試料に用いた。試料は都内の米販売店に精米を依頼し，購入した。購入後は，実験日まで冷蔵保存した。

　米を，米重量に対し1.5倍の蒸留水（水温18℃）に60分浸漬し，水を切ってから40分間蒸した。この試料区分を「浸漬あり・蒸し」とした。また，浸漬せず同様の加熱条件で調製したものは「浸漬なし・蒸し」とした。さらに，米の1.3倍の水を加え，60分浸漬後に炊飯器で炊いた試料も調製し，この区分を通常炊飯とした。

　これらの試料は加熱終了後，紙皿に広げて7日間室温で放置した。

測定項目は重量変化率，糊化度，水分量とした。

結果および考察

　飯が労働の対価として支給された場合，食すまでに時間が経過し，飯の性状も変化すると考えた。そこで通常炊飯および蒸した試料（浸漬あり・蒸し）を7日間放置した際の重量減少率を図1に示した。浸漬あり・蒸し，通常炊飯の2種とも重量が減少した。浸漬あり・蒸しは−13.5〜−32.7％，通常炊飯は−16.1〜−53.2％で，両者とも放置時間の延長に伴い数値が高くなった。浸漬あり・蒸しと通常炊飯を比較すると通常炊飯の方が高かった。これより通常炊飯の方がより乾燥したのではないかと考えた。しかし，紙皿に広げた120gの飯を米に換算すると，浸漬あり・蒸しでは83g，通常炊飯では54gで，7日放置後の重量は浸漬あり・蒸しでは82g，通常炊飯では71gとなり，浸漬あり・蒸しは元の米とほぼ同じ重量だったのに対し，通常炊飯は元の米より重かった。このことから放置中により乾燥したのは浸漬あり・蒸しだと考える。重量変化率が通常炊飯の方が高かったのは，含まれている水分量が浸漬あり・蒸しより高いことが影響したと考える。また，通常炊飯の試料は，表面は乾燥しているが，塊の中心は湿っており，器と接していた部分にカビが生えた。これは，通常版は粘りがあるため一粒一粒にならず塊になっており，水分が蒸発し

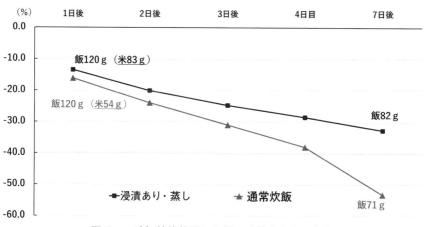

図1　一時加熱後放置した飯の重量変化率の変化

浸漬あり・蒸し　　　　　　　　　　　　　　　　　　　　通常炊飯

図2　7日間放置した飯

にくかったためではないかと考える。放置するには通常炊飯は適さないのでは
ないかと考え，蒸した試料のみで放置後の再加熱実験を行うことにした。

　7日放置後の水分量は，浸漬あり・蒸し14％，浸漬なし・蒸し13％でほぼ
同じであったが，糊化度は浸漬あり・蒸し73％，浸漬なし・蒸し49％と大き
な差があった。糊化度の違いは蒸し上がりの糊化度に差があったためである。

　現在，炊いたり蒸したりした米を，熱風で急速乾燥させたα化米が市販さ
れている。本実験で放置した飯は同様の使い方ができるのではないかと考え，
α化米の糊化度と水分を分析した。本実験で用いたα化米の糊化度は97％，
水分9.5％であった。本実験で放置した飯とは特に糊化度に違いがあった。

　7日放置後の試料は食するには硬かったので，加熱が必要と考え，ゆでるこ
とにした。ゆでた後の飯の重量は米の浸漬あり・蒸しが3.7倍，浸漬なし・蒸
しが3.3倍で，どちらも通常炊飯と類似した食感であった。水分量は浸漬あ
り・蒸しが65％，浸漬なし・蒸しが66％であり，これらは通常炊飯でおいし
いとされる水分60％前後と同程度だった。糊化度は浸漬あり・蒸しが86％，
浸漬なし・蒸しが81％で通常炊飯に近い値だった（図3）。

　以上より，西念らの報告にあるように，粳米を浸漬し，蒸したものは食する
には適さないが，保存には有用で，保存後にゆでれば食することができるので
はないかという新たな可能性が示唆された。また，浸漬の有無による差が少な
かったことから，浸漬しない調製方法も利用できるのではないかと考える。

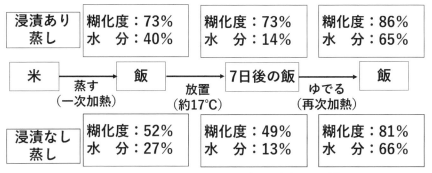

| 浸漬あり
蒸し | 糊化度：73%
水　分：40% | 糊化度：73%
水　分：14% | 糊化度：86%
水　分：65% |

| 米 | →
蒸す
（一次加熱） | 飯 | →
放置
（約17℃） | 7日後の飯 | →
ゆでる
（再次加熱） | 飯 |

| 浸漬なし
蒸し | 糊化度：52%
水　分：27% | 糊化度：49%
水　分：13% | 糊化度：81%
水　分：66% |

図3　7日間放置した試料の再加熱の糊化度および水分

3 「飯」と「二度ゆで」法

　「飯」が給与であるとすれば，当然保存性が必要になる。そこで今回の実験では，現代の炊飯法で炊いた「飯」と，古代の炊飯法と同様に蒸した「飯」で保存度を検証した。その結果，現代の炊飯法で炊飯した米は水分量が多く粘りがあり，乾燥しない部分があって数日のうちにカビが生じてしまった。一方，蒸した米の方は芯まで加熱されていないものの，水分量が少ないため十分に乾燥しており，保存上カビが生じることもなかった。このため古代の蒸した「飯」は，保存に適しているものと思われる。

　しかし芯まで加熱されていない「飯」は固くてぽそぽそであり，食するにはやや問題がある。そのため小林氏は現代の東南アジアの炊飯法から，「二度蒸し」を古代でも行っていた可能性を指摘する。ただし「蒸す」ためには釜としての甍のほかに甑や布，蓋など，さまざまな用具が必要であり，手間がかかる。それに比べ一度蒸した「飯」をゆでる方法であれば，甍一つで短時間で済むという利点がある。

　今回は，一度蒸して乾燥させた「飯」をゆでる実験を行った。その結果，短時間で加熱できるとともに，米の芯の中心まで加熱することができた。ただし現代の炊飯方法と異なり，鍋の底や壁面にこびりつきや焦げ生じた。

　図4は，第141-23次調査の平城京左京九条三坊十一坪から出土した小型土

師器甕であるが，内面に白色の粒があ
り，こびりついた米粒が剥がれた跡であ
ろうと推測されている。今回の実験でも
蒸した米を「二度ゆで」した際に，やは
り同様に米が鍋の壁面や底部にこびりつ
いた（図5）。とすれば，この土師器甕の
壁面の痕跡は，実験で行った「二度ゆ
で」を示すものではなかろうか。

図4　小型土師器甕の内側

　また平城宮・京跡からは移動式竈と推
測されている韓竈も多数出土している。
このことから，支給された「飯」は，実
際に食する際にはこのような小型土師器
甕と韓竈を用いて，「二度ゆで」を行っ
ていたのではなかろうか。

図5　「二度ゆで」した鍋の底部

　では，なぜ「米」ではなく一度蒸した
「飯」なのであろうか。確かに米のままでも十分保存は効くが，それを土師器
甕で炊飯するとなると，湯取り法が必要になり手間がかかる。支給された
「飯」が1～2升であれば，むしろ小型土師器甕の方が便利であると思われる。
そこでさらに「飯」の再加熱の調理実験も行った。

4　「飯」の再加熱の調理実験

調製条件と測定項目

　粳米の加熱は，古代の調理法を再現した「蒸し」と，炊飯器による炊飯の2
つの方法で行った。試料区分を表に，おおまかな手順を図6に示した。

　米を，米重量に対して1.5倍の蒸留水（水温18℃）に入れ60分浸漬し，水
を切ってから40分間蒸した（一次加熱）。この試料区分を浸漬あり・蒸しとし
た。一次加熱後に湯を加えて混ぜ，5分放置して30分蒸した（二次加熱）試料
区分を浸漬あり・二度蒸しとし，一次加熱後にゆでた試料区分を浸漬あり・ゆ
でとした。これら3種と同様の加熱条件で浸漬をしなかった試料区分を浸漬な

表　試料の調製条件

試料	浸漬の有無	一次加熱	二次加熱
浸漬あり・蒸し			なし
浸漬あり・二度蒸し	あり	蒸す	加水および蒸す
浸漬あり・ゆで			ゆで
浸漬なし・蒸し			なし
浸漬なし・二度蒸し	なし	蒸す	加水および蒸す
浸漬なし・ゆで			ゆで
通常炊飯	あり	炊飯器	なし

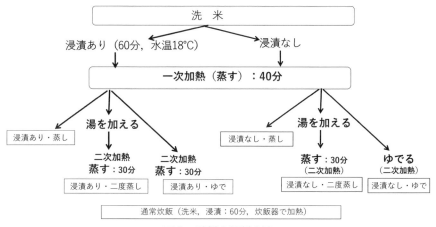

図6　試料の調製方法

し・蒸し，浸漬なし・二度蒸し，浸漬なし・ゆでとして調製した。浸漬あり
（なし）・二度蒸しの二次加熱前に飯に加える湯の量は，小林らの報告を参照す
ると，ほとんどの条件で1倍程度が加えられていたため，予備実験を行ったう
えで，本実験でも米の重量の1倍を加えることにした。さらに浸漬あり（な
し）・ゆでの二次加熱（ゆでる）の際の湯量は，飯が軟らかくなり，加熱後に湯
が残らない量を予備実験で検討し，米の重量の2倍とした。また，米の1.3倍
の水を加え，60分浸漬後に炊飯器で炊いた試料も調製し，この区分を通常炊
飯とした。

　測定項目は炊き上がり倍率，重量変化率（保存性の検討のみ），糊化度，水分

量，破断特性とした。

結果および考察

　図 7 に示した通り，炊き上がり倍率は 1.2～3.0 倍であった。通常炊飯で一般的においしいとされる炊き上がり倍率は 2.2 倍前後で，本実験の通常炊飯も2.3 倍でその範囲内であった。一次加熱のみの浸漬あり・蒸し（1.4 倍）と浸漬なし・蒸し（1.2 倍）はほかの試料に比べて低く，通常炊飯に比べるとかなり低かった。二次加熱を行った試料は通常炊飯と同程度かやや高かった。米から飯への変化で重量が増加するのは，加えた水を米が吸収することが要因である。通常炊飯は加熱中も米と水が共存しており，加熱中に吸水する。それに対して，蒸し加熱では蒸気の凝縮によって米表面に付着する水を吸収するが，付着するのは少量である。この違いが炊き上がり倍率に影響していると考える。二次加熱前に湯を加えた二度蒸し試料やゆで試料は，炊き上がり倍率が通常炊飯と同程度ということから考えても，炊き上がり倍率を上げるには加水が必要と考える。

　図 8 に示した通り，水分量は 40～62％ であった。水分量でも浸漬あり・蒸しと浸漬なし・蒸しの値がほかよりかなり低かった。現代で行われている炊飯

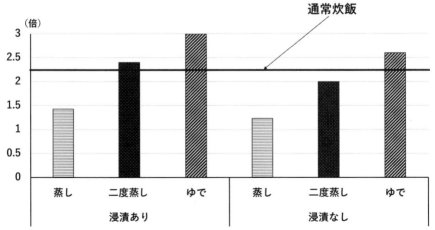

図7　加熱による炊き上がり倍率の違い

炊き上がり倍率＝加熱後重量／米重量

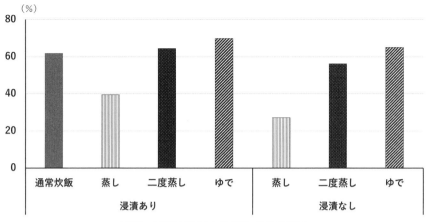

図8　加熱方法による飯の水分の違い

は，水分 15% 前後の米粒に水を加えて加熱し，水分 60% 前後の飯にするもの
である。その 60% 前後だった試料は二次加熱を行ったものであった。これは
二次加熱に際し，加水することで水分量が増えたと考える。また，二次加熱し
たものでも浸漬した試料の方が高い傾向にあった。二次加熱の方法による違い
では「蒸す」より「ゆでる」が高い傾向にあった。

　図9に糊化度を示した。通常炊飯の糊化度が 90% であり，この値に近くな
っているのは炊き上がり倍率，水分量と同様に二次加熱した試料であった。

　図 10 に破断応力を示した。二次加熱後の試料の破断応力は $1.1 \sim 2.6 \times 10^4$ Pa
で，通常炊飯の値より低い試料もあった。一次加熱のみの飯とは異なり，軟ら
かく食すことが可能であると考える。二次加熱に「蒸す」より「ゆでる」を用
いた方が，炊き上がり倍率は高く，破断応力が低くなる傾向があった。

　以上より，二次加熱は通常炊飯に近い飯に変化させる可能性が示唆された。

　その要因は「加熱回数」なのだろうか，「一次加熱後の加水」なのだろうか。
データには示していないが，二次加熱前に水を加えず蒸した場合は，炊き上が
り倍率は一次加熱の試料と同程度で，破断応力は高い値を示し硬くなった。こ
れより，熱を加える（加熱回数）だけではなく，やはり二次加熱前に加水し吸
水させる，または二次加熱中（ゆでる）に吸水させることが，でんぷんの糊化
やテクスチャーの変化にとって重要と考える。

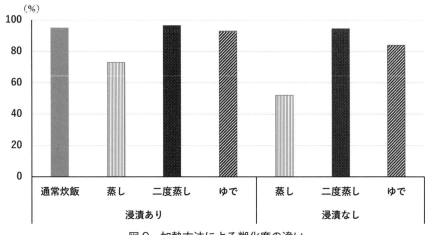

図9　加熱方法による糊化度の違い

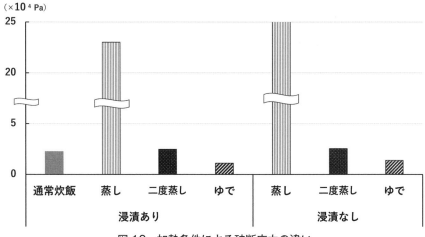

図10　加熱条件による破断応力の違い

　また，これまでの浸漬なしの試料は食するには適さないと考えていたが，一次加熱後に加水することで炊き上がり倍率，破断応力ともに通常炊飯に近い値が示された。飯粒の大きさや硬さにばらつきがあり，芯が残るものもあるが，浸漬なしでも飯として提供できる可能性が示唆された。
　二次加熱の方法として，「蒸す」「ゆでる」のどちらが有用なのだろうか。蒸

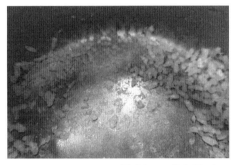

図 11　二次加熱（ゆで）後の鍋の状態

　す場合，蒸すための準備（熱源・器具）をしながら蒸す前に飯に加える湯も用
意する，湯を加えたら数分間混ぜる手間がかかる，二次加熱時間が必要という
問題点がある。しかし，加熱中に混ぜたり，加熱中に火加減をほとんど調整し
なくてすむという利点もある。
　ゆでる場合，飯が水っぽいのが気になった。水分を蒸発させようとすると，
鍋の底や側面に飯がこびりつき，焦げてしまうという問題点がある（図11）。
ガスコンロのように火加減の調節が容易な場合でも起きることなので，焚火で
調理していた古代ではさらに焦げつきやすかったのではないか。焦げついた器
具を洗浄するのも手間がかかる。しかし，ゆでる際に加える水で飯の軟らかさ
を調整できるのは利点である。焦げの改善策としては，ある程度まで加熱して
消火し，「蒸らし」にすることが考えられる。しかし，「蒸らし」過程では，飯
の表面の水分を吸収させるために高温を保つ必要がある。蒸らしの効果と甕の
保温性は今後の検討課題である。

二次加熱の方法として「蒸す」「ゆでる」のどちらがより有用なのかは，今後追加実験をして検討したい。

お わ り に

　今回のシンポジウムでは，西大寺食堂院跡出土木簡にみえる「飯」がどのようなものであり，どのように調理したかを，実際の米を使って検証した。その結果，まず粳米を蒸した「飯」は保存性がよく，給与として支給されても日持ちするものであることが実証された。また保存した「飯」を「二度ゆで」することによって，十分食用に耐える柔らかさになった。それは平城宮跡出土の小型甕からも推測される。

　このように「飯」は米を水から炊くのに比べ，短時間で調理できたと思われる。これについては，また稿を改めてさらに検討したい。

参考文献

浅野啓介 2011「西大寺食堂院跡出土文字資料と食堂院」『奈良史学』29

小林正史 2018「総論　古墳時代・古代の米蒸し調理」『物質文化』9

小林正史 2020「ウルチ米を蒸す調理の民族比較誌—ジャワの二度蒸し法を中心に—」
　　『北陸学院大学研究紀要』12

小林正史 2021「東南アジア大陸部におけるウルチ米を蒸す調理の民族誌」『物質文化』
　　101

西念幸江 2021「甑（蒸し器）を使った古代の炊飯法」三舟隆之・馬場基編『古代の
　　食を再現する—みえてきた食と生活習慣病—』吉川弘文館

関根真隆 1969『奈良朝食生活の研究』吉川弘文館

山口英男 2013「正倉院文書から見た「間食」の意味について」『正倉院文書研究』13

吉川真司 2010「古代寺院の食堂」栄原永遠男ほか編『律令国家論集』塙書房

コラム　古代の醸造に用いられた微生物の保存法

五 百 藏　　良

　現代にみられる凍結・乾燥による微生物の長期保存や寒天培地を用いた継代[けいたい]培養保存などの技術がなかった古代では，醸造に用いられた微生物はどのようにして保存されていたのだろうか。原料の処理とカビの生育との関わりや食文化などについて，若干の解説を行いたい。すでに古代の酒醸造におけるカビ（麴菌）については，坂口謹一郎・上田誠之助・菅間誠之助・岡崎直人氏などのほか，多くの報告がある。以下，まず研究史の概説を行いたい。

1　古代の醸造に関する研究史

　坂口謹一郎は，「麴から見た中国の酒と日本の酒」の中で，中国の酒は昔から麴（麴）とか酒薬とか呼ばれ，穀物を砕いたり粉にしたりしたものを水でかためて，煉瓦状，団子状，円盤状あるいは大形のサイコロ状に成型したものにカビを生やして造る，いわゆる餅麴を糖化剤としていることを指摘した。それに対して日本の酒はもっぱら米粒のままカビを生やした，いわゆるバラ麴（散麴）状態のものを糖化剤として造られていて，スタートにおいてまったく異なっている。また，「各民族の固有の酒は，多くその民族の主食と一致する」とともに「各民族の酒の製法は多くその主食の加工法と一致する」ということを提案し，粒食の国である日本はバラ麴の酒をもち，粉食の国である中国は餅麴の酒をもつというのもその一例であると述べている〔坂口 1975〕。

　上田誠之助氏は，「"しとぎ"と古代の酒」の中で，米粉をかためてつくるしとぎ（糵）は，古代より神饌品として，また口嚙[くちがみのさけ]酒にされ御神酒[おみき]として神前に供される風習について解説している〔上田 1996〕。また，伊藤うめの氏が，しとぎを藁に包んで神前に供えている間に，しとぎにカビが生え米餅麴となり，カビの酵素でしとぎが糖化され酒ができる可能性を指摘し，この米餅麴に

177

よる酒づくりが日本酒製造の原点ではないかと推論している〔伊藤 1979〕。その例証として、菓子の祖神の神社である滋賀県志賀町の小野神社のしとぎを挙げている。これについて上田は、米餅麴による酒づくり説の実証を試みたが、アミラーゼ活性が強いカビは得られなかった。そこで、醸造用黄麴菌 *Aspergillus oryzae* とインドネシアの米餅麴（ラギー）から分離したクモノスカビ *Rhizopus sp.* の 2 菌株を用い、糯米しとぎに接種してそれぞれ米餅麴をつくり、糯米の蒸米を原料に米餅麴および酵母を加え、アルコール発酵させたところ、クモノスカビの場合、やや良好な品質のアルコール飲料ができた。以上のことから、わが国では米餅麴づくりに適したカビが得られにくく、米餅麴を用いた酒づくりが定着しなかったのではなかろうかと述べている〔上田 1997, 1998〕。

　菅間誠之助は、「中国の黄麴菌によるバラ麴の酒」の中で、中国の酒麴はクモノスカビ系の餅麴で、日本のそれは黄麴菌のバラ麴とわが国では一般に考えられているが、紹興酒をはじめとする中国黄酒の約 80% を占める麦曲 黄酒（麦麴のよなもの）に使われている麦曲（生麦曲・熟麦曲）が黄麴菌で造られたバラ麴であることは意外と知られていない点に注目した。*Aspergillus oryzae* が黄酒用麦曲の種菌として使われている事実は、中国の麴における黄麴菌の役割の重要性を指摘された坂口氏の推定の正しさを物語るものである。

　紹興地方の口承に次のような話がある。古代紹興の農民は田園へ農作業に行くとき、昼飯用に乾飯をカメに入れて家から運んでいた。ある日、食べ残した乾飯酒の入ったカメを畑に置き忘れてしまった。数日たってから思い出し、戻ってカメの蓋を開けてみたらカビが生えていて、よい香りが漂っていた。これで酒を造ったのが紹興酒の始まりだという。この口承は『播磨風土記』にある宍禾郡庭音村の記録に「大神の御乾飯が濡れてカビが生えた。すなわち酒を醸させ、それを庭酒として献って酒宴をした」とあるのと麴の発生状況が驚くほど似ており、紹興酒製造は我が国の清酒と同様に稲米のバラ麴から始まったことを示している。現在の紹興酒には酒母用の酒薬（本草を加えた餅麴）と醪 用の麦曲が使われていると述べている〔菅間 1993〕。

　岡崎直人氏は、「日本・中国・東南アジアの店頭的酒類と麴」の中で、麴カビとクモノスカビの生育に関する最も大きな特徴として、蒸した原料には麴カ

ビが，生の原料にはクモノスカビが優先的に生育することを報告した。その理由は，クモノスカビと麹カビはともに生の穀類（米・大麦・小麦・トウモロコシ）によく生育し，特にクモノスカビは生育が早い。しかし蒸した穀類では，原料に含まれるタンパク質が熱変性によってタンパク質分解酵素の作用が受け難くなり，タンパク質分解力の弱いクモノスカビは，窒素源の不足のために生育が遅れる。これに対して麹カビは，タンパク質分解力が著しく強いため，蒸した穀類でも生育はほとんど低下しない。結果的に生穀類には，クモノスカビ，黄麹カビ，黒麹カビの順に，蒸穀類には，黄麹カビ，黒麹カビ，クモノスカビの順に生育する。以上のことから，固体培地上のカビの生育は栄養分の競合により，増殖速度の速いカビが優位に立つ。このような選択圧が働き，限られた場所で培養が繰り返されることによって次第に特定の微生物相が形成されるようになったと考えられる。

　食としての米（稲）は，その種皮を除くのみで粒状のまま蒸し，あるいは，煮て食べる粒食文化を発展させ，一方，麦は粉砕してから篩って種皮などを除いた粉に加水・成型し，蒸し，あるいは，煮て食べる粉食文化を発展させた。生の原料にはクモノスカビが，蒸した原料には麹カビが，優先的に生育することを確認し，餅を生で放置すればクモノスカビが生育した餅麹（曲）が，蒸した米粒を用いる散麹には，麹カビが生育するようになったと推察した。これらの知見は，アジアにおける麹を利用する酒類の製造法が，それぞれの国の食文化の違いにより別個の発展を遂げ，それぞれ独自性を持つようになったことを示していると述べている〔岡崎 2009〕。

2　ま　と　め──醸造における日本の環境風土の影響──

　日本の稲栽培条件に適した稲作粒食文化と日本の環境風土が，微生物の生育や保存に関わっていると推察される。また，古代の酒醸造における乳酸菌・酵母の純粋分離はできず，甕仕込み時のバラ麹の中に麹菌とともに共存していたと推察される。古代の酢醸造も同様に仕込み時のバラ麹とともに共存していたと考えられる〔佐古田ほか 2013，小嶋ほか 2019〕。

　漬物の製造は雑菌の生育を抑制する食塩濃度で漬け込み，主に野菜に付着し

ている植物性乳酸菌の作用で発酵が形成される。生成された乳酸による pH の低下により風味と保存性の向上も期待されるが，比較的短期間の保存である〔宮尾 2015，土山ほか 2015〕。雑菌の繁殖を抑えより長く保存するにあたっては，野菜が漬け汁中に浸漬されていることが大切である。そのほか，古代の醬・豉の醸造・漬物の製造も酒醸造と同様に壺（甕）を利用していたのではなかろうか。これらについても今後検討してみたい。

参考文献

伊藤うめの 1979「日本古代のタガネ飴とタガネ米餅とカムタチ麹と日本酒」『風俗』18-1, pp.39-65

上田誠之助 1996「"しとぎ" と古代の酒」『日本醸造協会雑誌』91-7, pp.498-501

上田誠之助 1997「"しとぎ" と古代の酒（その2）―国栖の醴酒を中心に―」『醸協』92-10, pp.725-727

上田誠之助 1998「"しとぎ" と古代の酒（その3）―全国の神社での "しとぎ" 分布―」『醸協』93-12, pp.947-950

岡崎直人 2009「日本・中国・東南アジアの伝統的酒類と麹」『醸協』101-12, pp.951-957

小泉武夫 2010「焼酎の伝播の検証と，その後に於ける焼酎の技術的発展」『東京農業大農学集報』54-4, pp.219-229

小泉武夫 1986「麹と日本人」小崎道雄・石毛直道編『醸酵と食の文化』ドメス出版, pp.99-108

小嶋莉乃・小牧佳代・峰村貴央・五百藏良・三舟隆之 2019「『延喜式』に見える古代の酢の製法」『東京医療保健大学紀要』13-1, pp.25-34

坂口謹一郎 1975「麹からみた中国の酒と日本の酒」『醸協』75-10, pp.772-776

佐古田久雄・赤坂直紀・中山武吉 2013「食酢醸造の変遷と酢酸菌の新たな利用」『生物工学』91-5, pp.251-255

佐藤和夫 2015「日本酒と微生物」『モダンメディア』61-9, pp.259-264

菅間誠之助 1993「中国の黄麹菌によるバラ麹の酒」『醸協』88-5, pp.374-380

土山寛子・峰村貴央・五百藏良・三舟隆之 2015「『延喜式』に見える古代の漬物の復元」『東京医療保健大学紀要』11-1, pp.1-7

堀江修二 2015『日本酒の来た道』今井出版, pp.54-95, pp.98-133, pp.136-159

宮尾茂雄 2015「漬物と微生物」『モダンメディア』61-11, pp. 330-337

百瀬百治 1955「中国の「バラ麹」類」『醸協』50-1, pp. 15-18

Ⅳ 西大寺食堂院跡の出土遺物から わかる古代の食の再現
——シンポジウム総合討論——

（2022 年 3 月 4 日，オンライン開催）

司会　三舟隆之（東京医療保健大学）　　　　西念幸江（東京医療保健大学）
　　　馬場　基（奈良文化財研究所）　　　　　芝　康次郎（文化庁）
　　　　　　　　　　　　　　　　　　　　　庄田慎矢（奈良文化財研究所）
参加者　五百藏　良（東京医療保健大学）　　神野　恵（奈良文化財研究所）
　　　　大道公秀（実践女子大学）　　　　　森川　実（奈良文化財研究所）
　　　　小倉慈司（国立歴史民俗博物館）　　山崎　健（奈良文化財研究所）
　　　　小田裕樹（奈良文化財研究所）

1　西大寺食堂院の性格
——調理をする場所なのか，食事をする場所なのか——

馬場　司会の馬場です。本日はどうぞよろしくお願いいたします。

　今回，非常に議論が多岐にわたっていますが，西大寺食堂院という空間を分析することで，西大寺では何を食べていたのかを復元することを第一の目標として考えていきたいと思います。

　まず，食堂院の施設としての性格について，小倉さんから非常にインパクトの強い提案がありました。食堂院で実際に調理していたのか，食事をしていたのか，また調理したものをどのように別の場所へ運んでいたのか。

　小倉さんの報告を伺うと，食堂院は調理をする場所で，盛り付け以降は（特に飯について）各僧侶の居住地である僧房で行うのではないかという印象を受けました。小倉さん，いかがでしょうか。

小倉　補足いたしますと，食堂でまったく食べていなかったということまでは考えていません。毎日食べていたわけではないと思いますが，儀礼も兼ねた共食の場としては機能していたと思います。

馬場　そうすると，調理の場としてはどうなのでしょうか。日常的な僧侶の食事は食堂から，いわゆる給食センターから運ばれていくというイメージをもったのですが。

小倉　そうですね，そこは判断が難しいところですが，皆さんのお話を伺うと，そこで調理されていた可能性はあったように思います。例えば，『三宝絵詞』の場合，ご飯のことは分かるのですが，では，ほかはどうしていたのかというのが問題になります。

馬場　平城宮内では，大膳職や大炊寮といった役所についても，よくよく律令の規定を見ると，儀式の日の調理をするということにはなっていますよね。つまり日常の調理をどこでしたかは律令の規定にはない。

小倉　はい，そうですね。

馬場　そういう意味では，もしかすると平城宮内も食堂と似たようなことになっているのかもしれません。

それに対して，考古遺物の分析からわかったことについて，神野さんからお話を伺いたいと思います。

神野　私は食堂院でお寺に関わるすべての調理が行われているイメージをもっていたのですが，食堂院から出土した土器に関するデータを見返してみますと，土師器の甕，つまり調理に使っていた調理具というのがあまり出ていないことに気がつきました。

　一方で，平城宮の中でも厨など明らかにここでご飯を作っているなと思うようなところからは，わりと一括して煮炊き具が出てきます。その状況に比べると西大寺食堂院では非常に少ない気がするのですが，小田さんと森川さんの印象はいかがですか。

森川　討論が始まってすぐに気づいたのですが，たしかに甕を全然見ていないなと思いました（笑）。意識的に今回のシンポジウムのために見ることはしなかったという意味と，そんなに数が多くないのではないかという2つの意味です。

馬場　小田さんはいかがですか。

小田　そうですね，私も須恵器の甕は見ましたが，土師器の甕はほとんど見ていませんでした。収蔵庫で見た印象ですと，井戸SE950出土土器全体の中で1割くらいでしょうか。大体が破片で出土しているので，個体数も把握できていません。

神野　奈良文化財研究所『西大寺食堂院・右京北辺発掘調査報告書』（2007年）には大小6〜7個体ぐらいの甕が掲載されています。ただ，本当にご飯を作っているところの遺構から出てくる数量に比べると非常に少ないです。

馬場　ということは，調理していなかったのかもしれない。

神野　ごはんを大量に作っているようには見えないですね，ここからは。

馬場　その土師器の甕というのは飯にしか使われないのでしょうか。

神野　いえいえ，もちろんお湯を沸かしたり，おかずを作ったりするときにも使うものです。

馬場　いわゆる煮炊きですね。

　ところで，平城宮の東院地区で，奈良時代半ばを少し過ぎた頃（若干論者によって意見が違いますが）の大規模な厨房跡が見つかっています。そこは2段

構造になっていて，標高が低いゾーンには井戸があり，水仕事ができるように
なっていて，高いゾーンでは火の仕事をするようになっているというのがわか
っています。上段のほうを私と，当時奈良文化財研究所にいた海野聡さんで発
掘したのですが，そこでは地上式のかまどが見つかっています。奈良時代のも
のとしてはおそらく府中市の武蔵野国府跡で見つかっているもので，2例目く
らいになると言われています。しかも，これはかなり計画的に配置されていま
した。この事例は厨房として参考になると思うのですが，いかがでしょうか。

小田　この井戸には井戸から派生する溝がありまして，そこに大量の土器が入
っていました。そこには食器，いわゆる食膳具とともに土師器の甕などの煮炊
き具もありました。平城宮内では通常食器の比率がかなり高くなるのですが，
それに比べるといわゆる煮炊き具，土師器の甕類の比率が高く，土師器全体の
4割を占めていました。

　さらに，地上式の作りつけカマドの近くにも排水用の溝があるのですが，そ
こからも食器類とともに土師器の甕が出土していて，土製で作った移動式のカ
マドも共伴しています。土師器の甕はこの土製のカマドの上に乗せた煮炊き具
なのかもしれません。もしかすると本来の作りつけのカマドには土師器の甕で
はなくて大きな鉄釜が使われていたのかもしれませんが。やはり食膳具以外の
煮炊き具の比率が高くなるというのが普通かなと思います。

馬場　そうすると，神野さん，この西大寺食堂院の土器の様相はこの事例とは
違うということでよろしいですか。

神野　違うと言えるでしょうね。これだけの数があって，食器も揃っているの
で。

馬場　今，小田さんから鉄釜という指摘もありましたが，少なくとも我々が知
っている厨房とは少し様子が違うということは言えそうです。

　では，調理をしていないとしたら，逆に食堂院では何をしていたのだろうと
いうのが次の疑問になってきます。それから，小倉さんのご指摘では，ここで
炊いた食事を僧房に届けていた可能性もある。ところで僧房で調理をしていた
可能性はあるのでしょうか。

神野　僧房での調理はなかなか考えたことはないですし，その証拠はありませ
んが，報告でも言及した通り，薬師寺西僧房などは本当に土師器の土器（かわ

らけ）が僧房の床面から，火災で焼けた状態で出てきています。そこには中国製の青磁などの卜物から，一般的に使われる土師器の皿までが出土しています。それでこの時期には僧房でご飯を食べていたのだろうという話になっています。

馬場　薬師寺の十字廊という，食堂と僧房をつなぐ部分の発掘を担当された庄田さんがおられるので，庄田さんに聞きましょう。十字廊を通ってご飯を運んでいたことがわかるような成果はありましたか。

庄田　薬師寺の食堂の裏に十字廊という，薬師寺にしかない，小子房や倉庫をつないでいる建物があるのですが，先ほど話題に上った東院のように，明確な水路や井戸やかまどは見つかっていません。出土遺物としては螺髪などが出てきたりしていて，どちらかというと普段の生活の場というよりは，儀式を行う空間ではないかと思いますので，そこで大量のご飯を作っていたというのは考えにくいかもしれません。

馬場　薬師寺の場合は十字廊のさらに北側に大炊殿があると想定されていて，十字廊は盛殿（神にささげる供物を調えるところ）のような場所になっているのかもしれません。

庄田　食事は十字廊よりも北の建物から運んできているのではないでしょうか。

馬場　興福寺の僧房の発掘を担当された芝さんはいかがですか。

芝　僧房の隣で土器（かわらけ）はかなり出土していますが，調理の痕跡というのはまったく見えないです。

馬場　土器（かわらけ）はいつ頃のものですか。

芝　11世紀頃から14世紀頃です。土坑からかなり大量に出てきています。そこまで器種も多くないです。ほとんどが食器類です。

馬場　特に興福寺は子院が発達していますから，とても僧房を古代的に使っていたとは思えないのですが，そのなかで逆に土師器が出てくるというのは，もしかすると僧房でご飯を食べていたかどうかとは別に考えなければいけないのかもしれません。

　今の話を受けて，改めて小倉さんのご意見をお聞かせいただけますか。

小倉　難しいですね。実は『三宝絵詞』が成立したのは10世紀の末というか

なり遅い時期で、そこから200年近く前の話を書いていることになります。ただ、『三宝絵詞』の説話は「石淵寺縁起」によっているとあるので、その石淵寺縁起がいつ頃成立したのかということが問題になります。つまりその時点ですでに僧房に配るということは行われていなくて、それぞれ自分のところで煮炊きをしているという話になっています。その点、西大寺よりは後になりますが、9世紀後半あるいは10世紀の寺院の様子が私にはわからないので、ご教示いただけるとありがたいです。

馬場　先ほどの薬師寺の事例は10世紀の末ですね。

神野　天禄4年（973）焼亡ですから、10世紀後半ですね。

小田　『薬師寺縁起』に火事の記録が残っていて、天禄4年（973）とされています。

馬場　森川さんに伺いたいのですが、食堂院で食事を用意していなかったとしたら、平城宮や平城京と同じような食膳セットの食器が出土するのは不思議ですよね。

森川　不思議ですね。西大寺の井戸の、例えばD木屑層とかE層からは、食器以外にもごみのようなものが見つかっているということだったので、結局井戸が最終的に井戸として機能しなくなった段階で、ごみとして捨てられているものの中に土器も入っている、つまりその場所で使われたものではないものも捨てられていた可能性があるような気がしています。

馬場　そうすると、実は食堂院の井戸の評価が劇的に変わることになります。『西大寺資財流記帳』がどこまで正確に書いているかの問題もありますが、一般的には食堂院は院区画を持っているので、食堂院内のごみを井戸に捨てているという考えが今までの議論の大前提になっています。西大寺は統一的な僧房を持たずに各院区画ごとに僧侶の居住空間があるのが特徴と言われていますよね。今の森川さんの話だと、例えば西大寺の場合は、そうした食堂院以外の院からごみを集めてあの井戸に捨てていたということになるのですが。

森川　集めたかどうかは分からないのですが、井戸から出土した墨書土器の中に、かつて「薬師」と読まれたが、実は「薬院」と読むべきものや、弥勒金堂の「弥」という字ではないかというものがあったと思います。墨書の文字がそれぞれの帰属を示しているのだとすると、食堂以外からも持ち込まれている印

象があります。

馬場　墨書土器の話題が出ましたので，神野さんからコメントをお願いできますか。

神野　昨日の個人報告が終わったあとに，文字が判読できる，意味のありそうな墨書土器を馬場さんと集めてみました。これは馬場さんと三舟さんから解説を加えながら紹介していただいたほうがいいように思います。

馬場　では，三舟さん，お願いします。

三舟　写真①の墨書土器は，「御」という字でしょうか。それから，②は「綱」という字，それから③は「衆戸」。そして④は「小曽比」とされているけれども，「小堂比」と読む可能性が指摘されているものです。「綱」は僧綱の「綱」を表すのでしょうか。そのほかはそれぞれどの場所を指すのか特定が難しいですね。これらが食事をする場所かどうかというのは，判断は難しいように感じます。

　⑤～⑨は使用されている場所でしょうか。⑤「西大寺／弥」は西大寺弥勒堂，⑥は「西大寺」ですけれども，⑧は「厨□」ですよね。⑨「寺厨□」もあるので，確実に調理場はあったのではないでしょうか。

馬場　最後の「厨」の下の字は，私が『木簡研究』29号（2007年）のコラム「墨書土器の記号」で「器」という字を図案化したものではないかと書いたところ，最近，坂上康俊先生からそうではないと指摘されました。

神野　同じようなものは平城宮内でも出ていますよね。

馬場　ほかにも長岡京などいろいろな場所から見つかっています。花の模様のようなものです。

　ちなみに私は，食堂院という施設が寺全体の食に関わっているからこそ，いろいろな場所を示す墨書土器が出土すると解釈しています。森川さんの真逆です。発掘所見としては，やはり近いところのごみをまとめて捨てているという印象です。

神野　私は，「西大寺／弥」の字が墨書された土器は，おそらく弥勒金堂の仏像にお供えをするための器ではないかと考えています。

馬場　つまり，あの文字群を見て森川さんと真逆の評価をしていたということですね。

① ② ③ ④ ⑤

図 1　西大寺食堂院跡
　　　出土墨書土器（①〜⑪）

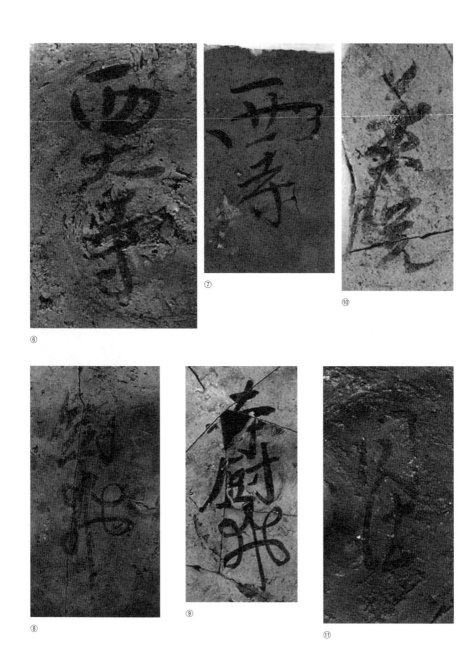

⑥　　　⑦　　　⑩

⑧　　　⑨　　　⑪

神野　はい。つまり食堂で作ったものを弥勒金堂まで運んで仏像にお供えをして，そのあとそれを下げて洗って保管するのは食堂院になると。それは同じように奈良三彩でも多くの例があります。

　「薬□」という墨書土器も見つかっていて，それぞれ弥勒金堂と薬師金堂のことではないかと考えていたのですが，接合する破片が見つかりまして，「薬師」ではなくて「薬院」だったことがわかりました（写真⑩）。薬院がどこにあったかはわかりません。弥勒の「弥」と書かれたものは2点見つかっていて，これは弥勒金堂院のことでよいと思っております。

森川　正直，どちらが正しいのかわかりません。ですが，井戸自体が機能しなくなってから，いろいろなものがどんどん捨てられたのだと思っています。

馬場　先ほどの芝さんの報告の中でもありましたが，井戸を埋めた（ごみを捨てた）期間はそこまで長くないと考えられています。ですから，例えば食堂の場合は井戸の廃絶が早いのですが，建物自体はかなり後まで残りますし，その地域の活動自体は続くので，区画施設の崩壊は井戸の廃絶と同時とは考えないほうがいいと思います。その後，弥勒金堂院として使われ続けている場所なので，院としての機能が後々までかなり残っています。ですから，外からごみを持ち込んで捨てたとは考えづらいです。

　ですので，逆に言うと，井戸からあれだけの食器がセットで出るということは，神野さんがおっしゃるように，各所から持ち帰られた食器が食堂院で管理されていたと考えるのが妥当だと思います。

神野　これらの食事が仏前に供えるためのものだったのか，それとも僧侶用だったのか。このあたりが問題になってくると思うのですが，いかがでしょうか。

馬場　ここまでの話をまとめますと，まず，食堂院は食器セットを持っていた。一方で，薬師寺の僧房を見ると，食器セットは僧房にある。これは10世紀後半です。これが時期差なのかそうではないのかはまだわかりません。ただ，少なくとも，小倉さんの報告にあった『三宝絵詞』の話は，薬師寺の僧房の様子と合致しています。

　一方で西大寺の食堂には食器セットがあるにもかかわらず，厨房セットが少ない。けれども，例えば「厨」と書かれた墨書土器もあるし，何も調理をして

いなかった根拠はない。

2　食堂院に運び込まれた食材とその調理法

馬場　そして次に，食堂院では何をしていたのかを考えるために大事なのが，何を持ってきて，何を運び込んでいるかです。これについては私と，山崎さん，芝さんの報告でかなり明瞭になってきていると思います。まず木簡から申しますと，確かに米はあります。なかでも黒米が多いというのが1つの不思議な特徴です。そして豆類が目立つというのもあります。そして，木簡には動物性たんぱく質は見えません。

　一方で木簡に書かれた野菜類を見ると，葉物がなくて，瓜などはほぼ漬物の材料だけという印象です。

　山崎さんが検討された動物遺体からは，どのようなことが言えますでしょうか。

山崎　そうですね。馬場さんと議論をするとしたら，木簡が付いていない状態で魚が持ち込まれたと解釈できるかどうかというところかなと思います。

馬場　木簡が付いていない状態で持ち込まれたものの中に，動物系の食材もあるよ，というご指摘でよろしいですよね？

　そしてもう一つ大事なポイントとして，ネズミの遺体がたくさん見つかっています。これはずばりどういう環境と言えるでしょうか。

山崎　ネズミの餌になるものがたくさんあったということなので，食材があった場所ということが想定されると思います。

馬場　つまり少なくとも食堂院には食材が運び込まれていて，一定程度の備蓄があったと考えていいだろうということですね。

山崎　そうですね。

馬場　そして，そのなかには木簡を付けて持ち込んだものもあるだろうし，木簡を付けずに持ち込まれたものもあった。

　井戸から見つかった植物の種からはどういったことが言えるでしょうか。

芝　木簡に見える状況と同じく，瓜が多いというのは見たとおりだと思います。

馬場　種と木簡はわりと相性がよかったですね。

芝　そうですね。ただ，瓜以外にも植物の種は山のように見つかっています。このなかには木簡を付けずに持ち込まれたものもあると思います。あと，木簡には書かれているけれども，種はあまり出土しないというものもあります。

馬場　カブなどは種がないですからね。

芝　まさに残りやすさに関連するんだろうと思います。

馬場　ちなみに，芝さんはこれらの植物は何に使われたと思いますか。

芝　漬物じゃないでしょうか（笑）。

馬場　木簡と種だけ見ていると，ここは漬物工場かと思えてくるのですが，塩についてはどうでしょうか。

神野　塩も漬物工場並ですよ。これまで製塩土器の研究をされてきた岩本正二さんなども，平城京内でここまで製塩土器が見つかったことはないので，この出土量の多さに驚かれると思います。

馬場　先ほど森川さんからご指摘がありましたが，食器セットがきちんとそろっていたり，あるいは優品の，捧げ物用と思われるきれいなものがあったりと，いかにもここで食事を準備して配膳していたように見えるのに，物資からは調理場というよりも漬物工場に見えてしまうということですね。

　　そうすると，本当に漬物だけなのか，それ以外に加工されたものはなかったのかが気になります。

　　小田さん，ずらっと並んだ須恵器の甕は何に使ったんでしょうか。

小田　ここまでのお話を伺うと，漬物工場の甕に見えてきました。あれだけ整然と甕が並んでいる例は，平城宮の造酒司のように酒を発酵，醸造したものと考えていたのですが，寺でこんなにたくさん酒類を作るのかなとも思っていたので，酒ではなく漬物が入っていたのもしれません。となると，漬物を集約的に管理していたことになるのかなと思います。

三舟　ただ，山崎さんの指摘にもありましたが，酒の木簡は見つかっています。『日本霊異記』には，寺で酒を作る話が出てきます。例えば，中巻第32縁では紀伊の薬王寺で薬料にするものだといって住民から米を巻き上げて，それで酒を作って出挙したりしていますよね。ですので，寺で酒を作った可能性はあります。

小田　甕から推測するのはなかなか難しいのですが，そもそもお酒の醸造をするところと漬物を作るところというのは，基本的に同じ場所や空間でも大丈夫なのでしょうか。

馬場　西大寺食堂院跡からは粕漬に関する木簡は見つかっていませんが，漬物関係では塩漬け以外に醤漬けの木簡も見つかっています。醤漬けということは醤も欲しい。となると酒と醤と漬物が並ぶわけですが，これらは分けたほうがよいのでしょうか。

庄田　同じところでも大丈夫だと思います。粕漬けの例があるとちょうどいいのですが。あれだけ土器が並んでいたら，いろいろなものを作っていてもいいと思います。

小田　甕の何列目かまでがお酒で，何列目までかが醤で，というように並んでいたイメージでしょうか。

馬場　発酵食品は複数同時に作っても大丈夫ということですが，甕を分析された庄田さんのご意見はいかがでしょうか。

庄田　今回行ったたんぱく質の分析では，もし物質が残っていれば種レベルまで，あるいは微生物まで判明する可能性があり，脂質分析だけではわからないことが見えてきます。脂質分析だけでは，残念ながら酒や発酵に関わる微生物を見つけることは原理的にできないんです。ただ，例えば白色の付着物質など，たんぱく質が残っているようなものを対象に分析してみると，少なくとも数年前までのものについてはしっかり種を追跡することができました。まだまだ課題はありますが，そうした良好な資料を使って，脂質分析だけではなく，たんぱく質の分析なども行うことで，少し夢のような話にはなりますが，「こっちの甕とこっちの甕は何が違うの？」というようなところを徐々に検証していけるのではないかと思っています。

馬場　ちなみに食堂院に並んでいた甕はいつ頃のものでしょうか。

小田　8世紀後半，奈良時代後半以降だと思います。

馬場　そうすると，甕は奈良時代後半以降のもので大丈夫ですよね？　隣接地の調査（「平城京右京一条三坊一坪の調査　発掘調査現地説明会資料」元興寺文化財研究所，2007年）では，同じ師について仏教修行をする場である同法所が11世紀まで残っているという指摘がありますが，そこまでは降らないと。

神野 元興寺の発掘調査では10世紀代の土器（かわらけ）が出ていますよね。でも西大寺の食堂院で見つかった同法所の墨書土器は奈良時代のものなんです。ですから，奈良時代には同法所だったということは間違いなくて，大きな改変の痕跡もないので継続的に10世紀まであの場所が機能していた可能性もあります。しかしあの甕自体がいつ壊れたかのかは判断が少し難しいです。奈良市が行った調査区では凝灰岩の基壇外装の裏込めから10世紀の土器（かわらけ）が出土したという話ですが，甕の中に落ちている土器などに10世紀に下るものがないので，10世紀以前には甕としての機能を終えていたというのが，発掘調査をした立場からの所見です。

馬場 それではここで飯炊きの話に移りたいと思います。まずは三舟さんからコメントをお願いします。

三舟 酒の話に少し戻りますが，山路直充さん（市川考古博物館）から，額田寺の班田図に酒屋が出てくるので，寺院の中に酒屋があるのはまず間違いないと言われました。おそらく先ほどの甕の中にも，酒を入れていたものはあるだろうと思います。そのほかにも，醤漬けに使う醤や漬物などを発酵する甕があったことは確かな気がします。

さて，調理具である土師器の甕がほとんど出てこないということは，何で炊飯していたのかというのが問題になりますが，先ほども少し話が出た通り，大量に炊飯するのに使ったのは，やはり鉄釜だろうと思います。鉄釜については，大安寺や法隆寺の資財帳を見ると，それぞれの寺院で鉄釜を持っていたことがわかります。写経所でも鉄釜を使っていることが正倉院文書からわかりますし，官司の間で貸し借りもしているから，おそらくそれで大量に調理をしていたのだと思います。その場所は西大寺では大炊殿だと考えられますが，発掘調査で何か痕跡は見つかっているのでしょうか。

馬場 基本的に大炊殿は瓦葺きの屋根で，煙出しを持っています。理由は簡単で，煙を出さないと煙たくなってしまうし，屋根が瓦でないと，万が一火の粉が移ったときに焼けてしまうからです。西大寺食堂院でも出土遺物や『資財帳』の記述から，大炊殿は瓦葺きです。一方，西大寺食堂院では，大炊殿の隣の盛殿は檜皮葺きです。隣接する建物での屋根材の違いからは，建物の機能の違いが想定されます。

西大寺食堂院大炊殿跡では，礎石は失われていてその根石が見つかっている状況です。つまり，床面は確認できていません。ですので，火を用いた痕跡を遺構として見つけることは，ほぼ不可能だと考えられます。しかしながら，上述のように一般的に大炊殿が瓦葺き・煙出し付きである理由が，建物内部で火を扱うことに起因することを踏まえて，隣接建物では檜皮葺きなのに対し，わざわざ重量が大きく建物建設のコストもかかる瓦葺きを選択している点を考えると，やはり大炊殿建物内部では火を使っていたのではないか。おそらくは煙出しも持っていたのではないかと思われます。

三舟　そうしますと，大炊殿で炊飯した可能性はあるということですね。

馬場　発掘調査の所見としては，はっきり断定できないというのが正直なところですが，状況証拠を突き合わせると，そこで炊飯をしていてもおかしくはない。あるいは，ある程度その可能性を想定してもよかろうという見通しです。ただ，その場合は調理具の土師器甕がほとんど見つかっていないというのが問題で，今のところは鉄釜を想定することでなんとか解決しようとしているところです。

神野　実は，蒸し器である甑もそれほど平城宮跡では見つかっていないので，土製ではない甑を使っていた可能性があるのかなと思っています。

馬場　米を炊くときには，鉄釜と木製の甑のセットを使ったのではないかということでしょうか。

神野　あるいは土師器の甕と木製の甑のセットというのも十分あり得ますよね。

　今回の調査では，甑も出ていなければ，炒ったりするのに使うと言われている鍋もほとんど出ていません。みんな何となく土師器の甕が煮炊き具と思い込んでしまっているんですが。そういったものというのはやっぱり土製ではないものを使っていたと考えざるを得ないでしょうね。

三舟　甑はおそらく鉄釜を使った場合は木製だと思います。文献史料では，木偏の「橧」が出てきますので，大量調理をするときは，鉄釜を使った場合には木の甑だと思います。だからあまり残らないのかなという感じがします。

神野　もし現在の中華料理の飲茶のように下に蒸す道具を置いて，上に木製のものを積み重ねることができるのであれば，かなり効率的にたくさんの飯を作

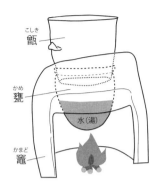

図２　甑・甕・竈の使用イメージ

れるのではないかなと思ったりするのですが。

馬場　今飲茶のようにという話が出ました。三舟さんがおっしゃっていた『宇津保物語』では，とてつもない量の米を炊いてたくさん飯（いい）を支給していますよね。蒸すという行為はたくさん一遍にできるんでしょうか。

西念　確かに，甑の上の乗せる部分が大きければ，それを積み重ねることももちろん可能だと思います。一番の問題は，下からの蒸気がどのくらいあるかということなので，鉄釜が大きければ一度にたくさん蒸すことはできるんじゃないかと思います。古代の鉄釜は大きいのでしょうか。

三舟　鉄釜は大きいですよ。『宇津保物語』では，鉄釜は１個あたり石５斗が入るくらいの大きさになります。これによれば鉄釜と甑の大きさはほぼ同じなので，相当量のものを蒸すことはできるだろうと思います。

庄田　並列して据え付けられていた甕がもし酢や米，酒の醸造に使われているのだとしたら，中身が入っている状態でそれを持ってくるというのは難しいので，近くで米を蒸していると思うんです。なので，痕跡はないのですが，やはり近場で米を蒸していたという想定は合理的だと思います。

馬場　そもそもなぜ酒を造るときには，米を炊くのではなくて蒸すのでしょうか。

五百藏　単純に言いますとアルファ化，つまり糊化ですね。

馬場　それは炊くよりも優位なんでしょうか。

五百藏 はい。同時に，まずは米麹，麹菌です。ですから，あまり水分が多過ぎるとべたべたしてしまうんです。

馬場 なるほど，水分が多過ぎなくて，程よくアルファ化するためには蒸すほうがいいと。

五百藏 それで，まず麹菌で麹を作るということが1つ大事なキーワードになるかなと思います。

　2つ目は，でんぷんを糖化していく，そして同時に酵母で発酵していくという方向になっていくのではないかなと思います。ですから，そのときにはある程度水分のあるお米も必要で，追加で入れていくのではないかなと思うんですが。

　ただ，米が固過ぎるとうまく発酵しなかったのではないかという懸念は少しあります。ですので，最初の古代の酒はもう少し甘酒に近かったかもしれません。また，それをベースにして，さらに米や麹を足していくのかなと思っています。そういうこともあって，水分含有量の関係で蒸したほうが効率がいいのだと思います。

馬場 西念さんの，かびをコントロールする意味では蒸したほうがよかったという説と表裏になりそうですね。

西念 蒸すことに何かしらメリットがあったとは思います。1つは保存性だと思いますが，もう1つは固いほうが便利だったという可能性があります。そうすると，酒を作った可能性も考えられないことはないなとは思っています。

馬場 仮に大炊殿で米を蒸すところまでやっていたとすると，その次，煮るもしくは茹でる作業について考えなければいけません。小田さん，いかがでしょうか。

小田 口径が20cmより小さい小型の土師器甕の内面に，白抜きのぽつぽつとした，米がぴりぴりっと剝がれたような痕跡を持つものがあります。私たちはオコゲと呼んでいるのですが，それよりも口径が大きくなってくると，あまりオコゲが付いたものはありません。この大きさのものは，湯沸かしに使っているのだろうと考えています。

馬場 ということは，小型の土師器甕については米を茹でるのに使っていたかもしれない。

小田　ただし，オコゲにもさまざまな痕跡のパターンがありまして，その違い
を含めて，二度茹で，二度蒸しがいつ頃から行われているのかということと，
その痕跡が本当に茹でた後のぴりぴりっと剝がれた痕跡なのかということを，
考古資料の観察と連動するのかどうかについて押さえていかないといけないと
思います。

馬場　この点に関して，庄田さんいかがでしょうか。

庄田　土器の民族考古学的研究で知られている小林正史さんの論文には二度蒸
し法についても書いてあるのですが，二度蒸しの間にしっかりと水分を入れて
います。ですので，やはり水分補給というのは非常に大事だと思います。それ
以外にも，茹で蒸し法についても書かれています。これも検討したら面白いか
もしれません。蒸し茹でだけではなく茹で蒸しなど，いろいろなバリエーショ
ンがあるようです。ただ，それぞれの方法でどういうコゲができるのかは，な
かなかわからないと思います。1つの痕跡から調理法を復元するというのは実
際にはかなり難しくて，例えば別々の調理方法でも同じような痕跡を残す可能
性もあります。私も以前に一生懸命コゲから何か調理法を復元できないかと考
えていたのですが，結構難しいなという印象です。ですので，複合的なアプロ
ーチを使って痕跡を見ていく必要があると思います。

馬場　実は長屋王家木簡の中に洗濯糊について書かれたものがあるのですが，
この繊維製品の糊付けに使われている品名を追いかけますと，「糊」「粉米」
「粥」があります。これらからは，長屋王家の洗濯糊は「粥」状のもので，「粉
米」を原料にしていたと考えられます。こうしたでんぷん糊はどのように作る
のでしょうか。紙を貼り付けてつなぐときは大豆糊を使っていたといいます
が。粉の米から粥を作る場合はどうしたらいいのでしょうか。私は茹でるのか
なと思っていました。先ほどの庄田さんのお話にあった茹で蒸し法でしょう
か。

庄田　茹で蒸し法というのは中国の広東にあるらしいです。

馬場　そのイメージだと，まず最初に茹でるのかなと思っているのですが。

西念　確かに粉状で，かつ粥であれば茹でていたのではないでしょうか。現在
の上新粉も砕いているといえば砕いているので，蒸すこともちろんできます
が，手軽に粥にするなら茹でる方がよいように思います。

三舟　ところで，もし蒸す場合には，やはり布を使いますよね。

西念　何かしら下に敷くものがないと難しいので，布なのか葉っぱなのかはわかりませんが，そうしたものは必要だと思います。

三舟　そうすると土器の内面に白粒の痕跡は付かないですよね。

西念　そうですね。それは付きにくいのではないかと思います。

三舟　『延喜式』にも蒸す際に布を使うという記述があります。蒸した場合は，ああいった痕跡は付かないと我々は考えますよね。

西念　はい。

馬場　土器に残るコゲの痕跡から調理法を復元できるのかという話に対して，そもそも蒸す場合はコゲの痕跡が残らないのでないか，ということですね。

神野　土師器の甕に「水」や「羹 (あつもの)」と墨書されたものがあります。土師器の甕は最初は水を炊いたり，ご飯を炊いたりして，少しくたびれてきたらおかずを作るのに使う可能性もあります。必ずしも１個体で１つの用途とは限らない場合もあるので，これがコゲの観察を難しくしているのではないかと思います。

馬場　焼き物って最初に米のとぎ汁で目を詰めるでしょう。そこから考えると，古代にも最初に米を炊いていたのかもしれない。

西念　十分その考えはあるのではないかと思います。

神野　中国の農書である『斉民要術』では甕塗りといって，動物性の脂を最初に甕に塗ったりしています。それで目を詰めたり漏水を防いだりするらしいです。昔の人たちは経験でいろいろなことをやっている可能性があるからなかなか難しいですね。

馬場　コゲの話を追いかけていくと，鍋の使い方などかなり細かいところまでわかるかもしれません。

　話が少し戻りますが，相曽貴志さんからチャットで大炊殿についてコメントを頂戴しましたのでご紹介します。まず大炊殿で炊いたものを諸司に配ることに関して，大炊寮から配るときは食べられる状態，つまり二度蒸しが終わった状態ではないかということ。

　次に，太上天皇の50回忌に炊いた飯 (いい)を崩し，樋に水を引いて飯を洗うとあるのは二度炊きと関係があるのかどうかということ。それから，延喜大炊式の

41条に「諸司ともに納める糒十石，右毎年諸司検納する」と干し飯が出てきますが，正倉院文書に返上飯というのがあるので，余った飯は諸司で干し飯にした可能性は考えられないでしょうか，ということ。小倉さん，いかがでしょうか。

小倉　確かにこれはその可能性が考えられるのかなと思います。

馬場　つまり，炊いた飯を崩し，樋に水を引いて飯を洗ってというのは，実は二度煮，もしくは水をかけてから蒸す二度蒸しかもしれませんが，二度加熱と関係あると見てよいのではないかということですね。

　次に，正倉院文書に出てくる返上の飯が干し飯の原料になっているのではないかというご指摘ですが，三舟さんいかがでしょうか。

三舟　干し飯を表す「糒」ですが，これは完全に米をついて粉状にしたものを指すのでしょうか。普通，干し飯というと，米を1回蒸してそのまま干したものという解釈なのですが，米をついて粉状にしたものもあると思っていて，それが「糒」という字の干し飯である可能性はあるのでしょうか。

馬場　難しいですね。「糒」と読んでしまいましたが，「糒」のほうが正しいかもしれません。朝餉のことです。

　本日ご参加の方から，どなたか米の二度炊きの問題と，糒の問題について，何かご意見をいただけないでしょうか。

三舟　吉野秋二さん，いかがでしょうか。

吉野秋二（京都産業大学）　余ったご飯がどうなっているのかについては考えたことはあります。粥は文献に頻繁に出てくるので，粥を作る要領で冷やご飯を温め直したりはしていたのではないかと思っていますが，ただし実証するのは難しいです。返上飯については，写経所では飯が米の2.5倍換算になることを考証するために取り上げたことがあるのですが，返上した後をどうしたのかということまでは考えていませんでした。ただ，返上飯は，要するに食べるはずの人がいなかった時に戻ってくるもので，干し飯はもっと計画的に作られているような気がしますが，ただし，残飯を干し飯にすることもあったのかもしれません。

　『三宝絵詞』の話のように，食堂の炊飯がどれぐらいの頻度でなされていたのか，要するに日常的な食事は政所から送られていたと思われるので，そのあ

たりの関係性がわかると面白いなと思います。

　西大寺跡から出土した木簡を見ると，西大寺の飯は臨時に間食として支給している印象です。長岡京太政官厨家の請飯木簡は毎日の日常的給食の産物で，西大寺跡出土木簡とは様相が異なります。

　もう１つ，残飯を売るということをやっていたのではないのかと考えたことがあります。ですので，冷やご飯を温めるとどうなるのかというのを実験してみると面白いかもしれません。

馬場　長屋王家木簡には「朝干飯」に関する木簡があります。日常的に用いられる，便利なファストフード的な「干飯」といえるでしょう。一方各地の正倉に備蓄するような干飯・糒もあります。両者が，案外並行していたのかもしれないと思っています。

　長岡京太政官厨家と西大寺の食堂院は決定的に性格が違いますね。太政官厨家は政所系になると思います。政所系と食堂がいかに違うかというのは昨日の報告でも触れましたが，吉野さんのご指摘の観点も取り入れて両者の違いを整理すると，食堂の活動がより具体的に描けると思います。

3　西大寺の僧侶が食べていたもの

馬場　そうなると，さらに具体的に，お膳立てはどのようにしましょうかというのが問題になってくると思います。

　森川さん，食器セットの４皿には何を盛るのでしょうか。

森川　わからないですね（笑）。今回は食器の組合せの話にまで言及することができませんでした。

馬場　たしか何を盛ったかわかる土器が出土していましたよね。神野さんから少し紹介していただけないでしょうか。

神野　正倉院には奈良三彩が数多く収められていますが，それらは仏飯具，つまり仏にご飯をお供えするためのものと言われています。そこには使用痕がありまして，奈良国立博物館の吉澤悟さんという方の論文によると，よくよく観察すると，やはりご飯のような有機物質が付いているそうです。ですので実際にご飯を盛っていたのだと思いますが，奈良三彩の鉢にしても西大寺の食堂院

から出土した鉢や椀にしても，昔のものはかなり大きいんです。それをお下がりで人間が食べるということもしていたのでしょうか。ご飯ではなく粥の可能性もありますが。

馬場 仏像の前に飯を盛り上げて，さらにそれを人間がお下がりで食べた。これは，椀飯の儀などで非常になじみが深い話です。

神野 大きな盤のようなものは，例えば桃などを並べていたのではないでしょうか。中華料理の大皿のように，おかずが乗るイメージはありません。

馬場 大きな皿に漬物が乗ることはありますでしょうか。

芝 その可能性は低いと思います。

三舟 堀裕さんが参加されていますので，仏教史の観点からお話をお伺いできればと思います。

堀裕（東北大学） 鉢や盤に何を乗せていたのかについては，やはり難しい問題ですが，東大寺二月堂のお水取りは参考になると思います。餅などの供え物がそれぞれどのような器に盛られているのかはまず確認する必要があるのではないでしょうか。

　供えたものを人間が食べたかどうかですが，東大寺の大仏への供物が奴婢に下げられたとみられるように，こうしたお下がりは貧しい人たちに功徳として施されていたと考えられます。これは現在のお水取りの生飯（さば）投げに通じるところです。

馬場 薬師寺でもお下がりをもらった人の例がありますので，おそらく広範に行われていたのだと思います。ところで，餅は古代にもあるのでしょうか。

三舟 餅はあります。

馬場 お供えに使っているのでしょうか。

三舟 正倉院文書には，普通の餅以外にも大豆餅，小豆餅，それから煎餅，呉床（環）餅（いりもち　あぐら）などさまざまな餅が出てきます。呉床（環）餅がどのような餅かはわかりませんが，我々が思い浮かべる通常の餅以外にも，いろいろな食品を混ぜた餅があるようです。それは正月14日の最勝王経会で経典を読んだ僧侶に支給されていますので，おそらく仏像に供えたものも同様だろうと思います。

神野 それはやはり糯米（もちごめ）でいいのでしょうか。例えば，中国だと餅といって小麦などを混ぜて焼くものがありますが，ここでの餅は現在の我々が食べている

ような餅のイメージでよろしいのでしょうか。

三舟 これがすごく悩ましいところです。正倉院文書で餅を作るために支給されている米は粳米で，糯米は糯米で別に出てきます。これについては『古代の食を再現する』（吉川弘文館，2021年）でも触れましたが，粳米は蒸しても全然粘り気がなくてどうやってもうまくいかないのです。ですから，正倉院文書にみえる餅は，我々がイメージする餅とは違うと思います。

馬場 煎餅もありますね。

三舟 「せんべい」と読むのか「いりもち」と読むのか。正税帳だと「いりもちい」といいますから，「せんべい」ではなく「いりもち」ですね。それはあります。

馬場 現在の煎餅は粳米から作りますよね。

庄田 韓国のトックも原料は粳米です。

神野 でも，握り飯のようなものは餅とは呼びませんよね。

馬場 蒸して，さらに茹でたもので作るとどうなんでしょうか。くっつくのかな。

西念 そうですね。昔の団子のように，もちもちしていない，すぐ固くなってしまうようなものであれば，粳米でも作ることができるかもしれません。

三舟 確かに糯米もありますが，量としては少ないですね。

　粳米を使った餅については今後，再現実験を行って，いずれ報告させてもらいたいと思います。

馬場 仏前に献げる飯は二度蒸ししたものでしょうか，それとも一度蒸しのものなのでしょうか。私は，これは一度蒸しのものではないかと思っています。

神野 一度蒸しであれば日持ちもしますし。

馬場 そうなんです。崩れないようにする意味もあります。

三舟 これについては西念さんと再現実験を行いました。平安時代の大饗料理などが出てくる絵図を見ると，飯は筒状になっていて箸が刺さっているので，かなりの塊であると考えられます。ただ，我々の実験では，粳米ではあの形にはならなかったんです。ですので，一度蒸した米ではあのようにはならないと思います。

西念 そう思います。特に冷めた後は，触れただけで雪崩のように崩れていき

ますので，まず無理だと思います。

馬場　今のお話を伺うと，逆に二度蒸しすれば形を再現することができそうですね。

西念　二度蒸しであれば，ほぼ今のご飯と同じ状態なので，あのような形を作ることはできると思います。

馬場　つまり仏前に供えたものはしっかり二度蒸ししたものである可能性が高いと。

西念　その場合，日持ちはしないのでそのまま処分されてしまうと思いますが，そのようなもったいないことをしたのかなとは思います。

馬場　堀さんにお尋ねしたいのですが，仏供は毎日供えるものなのでしょうか。

堀　『東大寺要録』の中に大仏へのお供えに関する記事があります。奴婢の子孫が毎日お供えをしていますので，その日のうちに下げたとみてよいと思います。

馬場　そうすると，食堂で二度蒸しすることはできたということになります。ということは，僧房に配る飯も，食べられる状態で盛っていたかもしれないですね。

　これで食器セットの4皿のうち1つ埋まりました。残り3皿には何が盛られていたのでしょうか。

三舟　あとは漬物ですよね。

馬場　それではあと2皿はどうでしょうか。

三舟　須恵器ですと羹汁が考えられますが，今回の発掘調査で見つかった木簡には海藻がまったく出てこないんです。残りの1皿については，なかなか思いつきません。

馬場　なかなか最後の1皿が難しいですね。ちょっと食材側に視点を戻したいと思います。僧尼令では，病気の僧侶は動物性たんぱく質を食べることが許されていたので，もし多くの僧侶が病気になっていれば，動物の骨もそれなりに見つかりそうですが，山崎さんいかがでしょうか。

山崎　植物の種実10万点に対して魚の骨は数十点しか見つかっていませんので，必ずしも食用ではないですが，やはりイレギュラーなものだったのだろう

と思います。

馬場 やはり病気の僧侶は少なかったようです。僧尼令ほかの例外規定としての痕跡が残されているのでは，というのが今回のシンポジウムでの狙いの1つだと思いますが，もしかするとそうではなくて，例えばお寺周辺の俗人が食べていた可能性もあるのかもしれません。ただ，食堂院の中ですので，そういった例外規定を使っていると考えたほうがいいように思っています。

漬物は瓜，桃，茄子，大根が中心であったことがわかってきましたが，大豆はどうでしょうか。やはり醬に加工したのでしょうか。

三舟 塩と大豆があれば，まず醬と考えますよね。

馬場 あとササゲが結構出ています。ササゲは漬物にはしないと思うのと，サヤササゲがあったので，羹かサラダにしたのでしょうか。このあたりがわかると，おおよそメニューが固まってきますね。わりと貧相なメニューになりますが。

西念 ササゲをそのまま食べるというのは虚しいので，やはり羹にしたのかなと思います。汁物が1つあると食事としてはいいと思います。ご飯の量が多いとすると，それだけで食べるのはつらいので，そういう点からも羹かなとは思います。

馬場 ここまでの話をまとめますと，まず，仏像へのお供えについては，飯をメインにして，大皿には気の利いたものを載せるというセットであった可能性がある。飯は毎日変えるので，二度蒸ししたものでかまわない。そして，食器の4点セットが食堂で見つかるのは，そこで盛りつけて配る，あるいは毎日配っていないとしても，いざここで食べようというときにできる体制を取っていたというところまでは見えてきました。では，その4点セットに何を盛るのかというと，3つはご飯と漬物と羹で，もう1皿はもう少し考えてみようというところまで来たと思います。例えば韓国の寺院を研究した例はないのでしょうか。

庄田 古い時期は記録が残っていないので，なかなかわかりません。

馬場 難しいですか。韓国や中国での例を調べていくと，方向性が見えてくるように思います。

庄田 桃の話に戻りますが，植物を研究されている那須浩郎さんが，「自然を

読む 古代のモモ」(『ビオストーリー』22, 2014年) のなかで長野県の野生返りした桃を紹介されています。この野生返りした桃の核の大きさが, 今回の出土核とほとんど一緒なんです。ですので, これを使って漬物を作る実験を, 来年度のプロジェクトとして今提案したいと思います。いかがでしょうか。

三舟 奈良県磯城郡田原本町では在来種の桃を栽培しているようです。

芝 その桃は江戸時代の頃のものを復刻しているので, 古代の桃とは大分様子が違います。むしろ庄田さんが言った長野県の桃が近いのであればそちらで実験をしてはどうかと思います。

馬場 それではぜひ来年度は長野県の桃を使って実験をしてもらいましょう。

三舟 それでは最後に, 本日参加されている五島淑子さんからコメントをいただきたいと思います。

五島淑子 (山口大学) 私は食文化に関心がありますので, 桃の漬物の実験などは在来種でできると面白いだろうなと思いながら聞かせていただきました。それから, 脚気など病気との関係にも関心がありますので, その点からも興味深く拝聴いたしました。

　それから, 西念さんのお話は, 調理をやっている人間としてもとても面白いなと感じました。蒸したら確かに保存性がよくなります。実際に, 私たちも弥生土器で古代米を炊く実験を行ったことがありますが, 炊き上がっても土器の中にたくさんの米が残ってなかなか取れないとか, 蒸すと時間がかかって大変だったこととかを思い出しました。

　私の実感としては, 鍋から何を煮たかを推測するのはなかなか難しいように思います。実際, 我が家の鍋でどんなものを今まで料理してきたのかを推察するのはすごく難しいと思います。コゲの痕跡からだけではなく, 別の材料とともに考えるのがよいように思います。今度, 漬物やご飯など, 当時のメニューが再現される機会があれば食べてみたいと思いました。

三舟 ありがとうございました。それでは最後のまとめに入りたいと思います。

　当初の予定では, 前回のシンポジウム「古代の食を再現する」に続けて, 韓国・中国・カンボジアの事例を含めて総合的に検討するはずでしたが, すぐに新型コロナウイルス感染症の流行が始まって海外に調査へ行くことができなく

なってしまいました。そこで，国内で研究の幅を広げることはできないかと考え，今回の西大寺食堂院を取り上げるに至りました。木簡がご専門の馬場さん，製塩土器の神野さん，植物の種の芝さん，動物の骨の山崎さん，土器の森川さんと小田さんという専門家が集まり，食材から調理具，貯蔵具を総合的に見ていくことにしました。また，食堂の性格については小倉さんからも適切なコメントをしていただきました。その結果，僧侶のあまりにも貧しい食生活の実態が明らかになりました。少し悲しい現実ですが，古代の僧侶の食事を考えるきっかけになったのではないかと思います。

　今後は，ネズミに桃をかじらせる実験や，野生返りした桃を使った漬物の再現実験に挑戦し，その成果を報告させていただきたいと思います。今回，村上さん，庄田さん，大道さんチームには，土器に何を盛ったか，土器で何を作ったか，土器で何をためたかという点を分析していただきました。このように，今まで想像していたものを実際に目の前に提示していくことが我々の研究グループの目的になりますので，今後もこうしたシンポジウムを催す際には，ぜひご意見など賜ることができればありがたいと思います。

　本日は長時間にわたり討論にご参加いただきありがとうございました。これでシンポジウムを終了させていただきます。

あ と が き

　本書は，科学研究費補助金基盤 A「東ユーラシア東辺における古代食の多角的視点による解明とその栄養価からみた疾病」（課題番号：20 H 00033，研究代表者：三舟隆之　2020〜2024 年）の研究成果の途中報告集である。

　前回の科研費研究の成果は，『古代の食を再現する―みえてきた食事と生活習慣病』（吉川弘文館，2021 年）にまとめることができたが，当初の想定を上回る反響をいただき，信じられないことに三刷りまで増刷された。また古代の食については一般の方の関心も高く，新聞などでも取材されたせいか，おかげさまで全国津々浦々まで市民講座などの講演依頼が舞い込むようになった。いかに人々が「食」というものに関心があるのか，ということを感じさせられた。

　しかしなぜ今まで，古代の食の研究は進まなかったのであろうか。その答えは簡単で，食品に関する文献史料やそのほかの資料もともに少ないうえに，食べ物は基本，食べてしまえばその姿を別のものに変えてしまって食べ物自体は残らないからである。前著はそういう歴史的状況のなかで，一風変わった文献史学や考古学研究者だけでなく，調理学や食品学，はては食品衛生学や栄養学の研究者も集まって，学際的に研究会を開いて古代の食の再現を目指したところに意義があった。とりわけ三舟ゼミの学生による古代食の再現実験は，実験考古学のように古代の食品の再現を目指したが，ゼミ生の勇気をもってしても結局不可能が不可能に終わったものも多々あった。それでも，そのチャレンジ精神と試みに関心を持っていただいた方も少なからずいたようである。また単なる古代食の再現だけでなく，「正倉院文書」にみえる写経生の請暇解の病気について，従来言われてきた職業病ではなく，炭水化物の多い食事から糖尿病の可能性を指摘したところも斬新であったのかもしれない。

　このように前回の研究はある程度成果を出し，さあこれからという時に新型コロナウイルスの感染が拡大した。前回のシンポジウムはオンラインで辛うじて開催したが，その後緊急事態宣言のなかで古代食の再現研究はストップしてしまった。大学の授業はオンライン形式になり，現在も自分はまだ相変わらず

211

オンライン授業を行っていて，遠い先のはずだった定年生活を，今しみじみと疑似体験している。

　それでも時折緊急事態宣言が解除されれば，感染にビクビクしながらもこれ幸いと調査や学会に出かけたが，海外調査の予定はまったく立たず，研究目標は座礁してしまった。そんななかで共同研究の相手である奈良文化財研究所には，感染防止を考慮して片道約500kmを自宅から車で行ったりしていたが，あるとき研究所で小田裕樹さんに土器を見せてもらいに行った際，山崎健さんから西大寺食堂院から魚骨が出土していると聞き，「あっ，これだ！」という天の啓示が降りてきた。西大寺食堂院の井戸跡SE950からはさまざまな遺物が出土しており，これに焦点を絞れば古代寺院の食事を再現できるかもしれない。「そうだ！西大寺食堂院跡シンポジウムをやろう！」と，その瞬間思った。

　いい迷惑は奈良文化財研究所の方々で，部外者なのにその日中に所内を走り回って馬場基さんや庄田慎矢さんと相談し，「西大寺食堂院跡シンポジウム」の開催を目指したのである。さらにこれらの方々のほかに製塩土器を研究している神野恵さん，植物種実に詳しい文化庁の芝康次郎さんが加われば，少なくとも植物と塩と甕とで漬物ぐらいはできそうだ。さらに「飯」や「酒」関係の木簡が出土していれば，本学の先生を巻き込んで炊飯や醸造にも言及できる。こう考えたら，途端にやる気が出てきた。「諦めなければ，間に合う電車がある！」だ。そうして2021年3月3日と4日に，奈良文化財研究所でシンポジウムを開催するところまで持ち込んだのである。ところが……。

　1月下旬から下腹部に痛みを感じていたので検査を受けたところ，その場で緊急入院が決まってしまった。シンポジウム開催の10日前である。聞けば退院までには最短で7日はかかるという。その間点滴で絶食治療を受けていたが，たまたまパソコンを持ったまま入院させられてしまったので，幸か不幸か「在宅勤務」になってしまった。仕事もできて原稿も書ける。シンポジウムの準備や資料づくりもできる。家事はしなくてよい。こうして病室が仕事場に変わり，シンポジウムの対応もできた。あとは何とかシンポジウムまでに退院できればよい。まあ，最悪退院できなくても，病院からの実況中継でも悪くない，オンラインはなんて便利なんだろう，なんて考えていたところ，幸い退院の許可が前々日に下りて，何とかシンポジウムまでに間に合うことができた。

まずシンポジウムの最初の挨拶は「西大寺の歴史と法燈」で，やはり西大寺の佐伯俊源さんにお願いすることにした。佐伯さんとは院生時代に研究会で時折一緒だったこともあり，小倉慈司さんや馬場さんの先輩でもある。大変お忙しい要職にあるにもかかわらず，引き受けて下さった。

　文献史学からは本書第Ⅰ部の「平城京大寺院における僧侶の生活─西大寺食堂院と僧房をめぐって─」で，小倉さんが僧侶の生活の場である僧房の性格について言及してくれた。そして西大寺の考古学的調査では，発掘調査に実際に参加していた馬場さんから「西大寺食堂院跡の発掘と木簡」でその概要がまとめられている。とくに西大寺食堂院出土木簡と長屋王家木簡の食材の比較は，馬場さんならではであろう。

　ついで出土遺物については，神野さんが「西大寺食堂院跡の製塩土器」で西大寺から非常に多くの製塩土器が出土する特徴を，森川実さんが「西大寺食堂院の大井戸と給食用の食器」で西大寺食堂院の食器構成を平城宮出土土器と比較し，小田さんは「西大寺食堂院跡出土の甕」で，食堂院跡で発見された甕列と甕から，西大寺における甕の使用法について言及している。

　第Ⅱ部では，山崎さんが「西大寺食堂院跡出土の動物遺体」で，問題となった多種多様の魚骨の出土のほかネズミの骨についても言及し，芝さんが「西大寺食堂院跡出土の植物種実」で多種多様な食用植物の種実の出土例を紹介し，とりわけ瓜の種実が多いところと，「醬漬瓜」木簡との関係から食生活の復元が可能なことを提言している。ネズミにかじられたとされるモモ核などの出土は，神野報告や山崎報告とも絡み非常に興味深い。

　一方，小田報告の大甕の内部の痕跡からは何かしらの液体の存在が想定されるので，関連して村上夏希・西内巧・庄田慎矢さんに，現代の酢の醸造甕の内面付着物について分析を行ってもらった。また大道公秀さんにも西大寺食堂院跡で出土のものではないが，「須恵器内面にみられた白色付着物のバイヤライト」で，平城宮出土の須恵器甕内面の白色付着物の化学分析を行って，さまざまな方法を検討してもらった。また庄田さんには「“最古の酒”を疑う」を寄稿してもらい，今後の科学的な分析の蓄積が必要であることに言及していただいた。

　さらに第Ⅲ部では三舟ゼミによる「西大寺食堂院跡出土の果実種実と古代食

の再現」で出土したモモ核とナシ種実から，モモとナシの漬物再現実験を行った。このうちモモについては失敗に終わったので，追加実験である「古代モモの漬物再現再実験」も掲載している。「飯」については西念幸江さんと三舟が「西大寺食堂院跡出土木簡から見る「飯」の再現」で，古代の「飯」が粳米を蒸したものである謎の解明に挑戦し，「二度茹で」の可能性を示した。またコラムとして，五百藏良さんによる「古代の醸造に用いられた微生物の保存法」で，日本では中国と違いバラ麹が用いられたことについての研究史に触れてもらった。

　そして最後に奈良文化財研究所と東京医療保健大学の二元中継で行われた総合討論「西大寺食堂院跡の出土遺物からわかる古代の食の再現」を掲載した。当日のシンポジウムの雰囲気が伝わるほか，各報告者からの発言から西大寺食堂院の食がどのようなものであったか，整理することができる。

　いずれの論考も大変魅力的であり，さまざまな視点からそれぞれが西大寺食堂院跡の遺物を通して学際的に密接に繋がるという，あたかもジグソーパズルを組み立てていくような研究の醍醐味を，本書で味わっていただけるような内容となっている。

　以上，本書は西大寺食堂院跡に焦点を絞り，古代寺院の食を再現することを試みた。その後もこの研究は続いており，今は改めてネズミがどのようにモモ核をかじるのか，マウスやラットを使って真面目に実験をしている。この科研費研究はこの先一体，どこへ行くのであろうか。

　一方この研究グループは，現在新たに古代の堅魚製品の再現を試みている。都城出土の木簡から堅魚製品の生産・貢納地を割り出し，そこでどのような堅魚製品を，何を使って生産してどのように貢納したか，はたまた煮汁であるとされる堅魚煎汁は，果たして壺Gで運んだのか。新たな挑戦がまだまだ続く。その成果は，いずれまた公表される日が来るであろう。誰もできない研究はない。ただ誰もやろうとしなかった研究はある。そこにチャレンジするのは，研究の醍醐味だ。「研究とは，なんと楽しいのだろう！」そんなことを本書から感じていただければ，望外の幸せである。

　この研究はさまざまな分野の研究者が集まることに意義がある。そのキーワードは「多様性」だ。それぞれの分野の研究者が己の個性を持ち寄り，お互い

を尊重して研究を行うことによって，新たな発見と展開が見えてくる。ロシアによるウクライナへの侵攻がもう1年経とうとするが，「多様性」を否定することがどれだけ悲劇を生み出したか，我々は悲しみとともに学んできた。研究や教育の世界でも，このような悲劇はあってはならないと思う。

　本書を製作するにあたって，吉川弘文館編集部の石津輝真さんと長谷川裕美さんには編集から原稿整理まで，多大なご苦労をおかけした。深く感謝し，ここに謝辞を述べたい。

　なお，西大寺食堂院跡の遺構・遺物の写真は奈良文化財研究所からの提供である。

2023 年 2 月 3 日　節分

三　舟　隆　之

編者・執筆者紹介

◇編　者◇

三　舟　隆　之
<small>み　ふね　たか　ゆき</small>

1959 年　東京都生まれ

1989 年　明治大学大学院文学研究科博士後期課程単位取得退学

現在　東京医療保健大学医療保健学部教授　博士（史学）

主要著書

『『日本霊異記』説話の地域史的研究』法藏館，2016 年

『古代氏族と地方寺院』古代史選書，同成社，2020 年

『古代の食を再現する―みえてきた食事と生活習慣病―』吉川弘文館，2021 年（編）

馬　場　　基
<small>ば　ば　はじめ</small>

1972 年　東京都生まれ

2000 年　東京大学大学院人文社会系研究科博士課程中退

現在　奈良文化財研究所都城発掘調査部平城地区史料研究室長　博士（文学）

主要著書・論文

『平城京に暮らす―天平びとの泣き笑い―』歴史文化ライブラリー，吉川弘文館，2010 年

「古代日本の動物利用」松井章編『野生から家畜へ』ドメス出版，2015 年

『日本古代木簡論』吉川弘文館，2018 年

◇執筆者◇（五十音順）

五　百　藏　良
<small>い　お　ろ　い　りょう</small>

1952 年　東京都生まれ

1982 年　東京農業大学大学院農学研究科博士後期課程修了

216

現在　東京医療保健大学名誉教授　農学博士

主要論文

「泡あり・泡なし清酒酵母の違いが食パンの構造およびおいしさに与える影響」『日本
　官能評価学会誌』15-2，2011 年（共著）

おお みち きみ ひで
大 道 公 秀

1974 年　滋賀県生まれ

1997 年　大阪府立大学農学部卒業

2003 年　早稲田大学大学院人間科学研究科修士課程修了

2008 年　千葉大学大学院医学薬学府博士課程修了

現在　実践女子大学生活科学部准教授　博士（医学）

主要著書

『食品衛生入門―過去・現在・未来の視点で読み解く―』近代科学社，2019 年

「土器に付着したコゲの分析からわかること」三舟隆之・馬場基編『古代の食を再現
　する―みえてきた食事と生活習慣病―』吉川弘文館，2021 年

白尾美佳編『食べ物と健康―食品衛生学　第 2 版―』光生館，2022 年（共著）

お ぐら しげ じ
小 倉 慈 司

1967 年　東京都生まれ

1995 年　東京大学大学院人文社会系研究科博士課程単位修得退学

現在　国立歴史民俗博物館教授　博士（文学）

主要著書

『事典 日本の年号』吉川弘文館，2019 年

『古代律令国家と神祇行政』同成社，2021 年

『天皇の歴史 9　天皇と宗教』講談社学術文庫，2018 年（共著）

お だ ゆう き
小 田 裕 樹

1981 年　福岡県生まれ

2005 年　九州大学大学院比較社会文化学府修士課程修了

現在　奈良文化財研究所都城発掘調査部平城地区考古第二研究室主任研究員

主要論文

「宮都における大甕」『官衙・集落と大甕』奈良文化財研究所，2019 年

「飛鳥の土器と『日本書紀』」『國學院雑誌』121-11，2020 年

「平城宮東院地区の厨関連遺構」三舟隆之・馬場基編『古代の食を再現する—みえて
　きた食事と生活習慣病—』吉川弘文館，2021 年

金 田 一 秀
　かね　だ　かず　ひで

1970 年　静岡県生まれ

1998 年　静岡県立大学大学院薬学部博士課程修了

現在　東京医療保健大学医療保健学部准教授　博士（薬学）

主要著書・論文

"An unusual isopentenyl diphosphate isomerase found in the mevalonate pathway
　gene cluster from Streptomyces sp. strain CL190" *Proceedings of the National
　Academy of Sciences.* Vol. 98, No. 3, 2001

"First record of Leptospira borgpetersenii isolation in the Amami islands, Japan" *Mi-
　crobiol. Immunol.* Vol. 50, 2006

杉山章・岸本満・和泉秀彦編『食品衛生学実験—安全をささえる衛生検査のポイント
　—』みらい，2016 年（共著）

西 念 幸 江
　さい　ねん　さち　え

1968 年　東京都生まれ

2008 年　女子栄養大学大学院博士後期課程栄養学専攻修了

現在　東京医療保健大学医療保健学部教授　博士（栄養学）

主要著書・論文

「鶏肉の真空調理に関する研究（第 1 報）真空調理と茹で加熱した鶏肉の物性及び食
　味」『日本家政学会誌』54-7，2003 年（共著）

"Application of Vacuum-Cooking to Plant-Based Foods: Boiled Soybeans and Cooked
　Beans", *Journal of Cookery Science of Japan*, 55-5，2022 年（共著）

『調理科学実験（改訂新版）』アイ・ケイコーポレーション，2016 年（共著）

佐 伯 俊 源
1965 年　奈良県生まれ

1990 年　東京大学大学院人文科学研究科修士課程（国史学専攻）修了

現在　種智院大学人文学部教授，真言律宗総本山西大寺執事（教学部長）

主要論文

『国宝 西大寺本 金光明最勝王経 天平宝字六年百済豊虫願経』勉誠出版，2013 年
　（影印版，解説共著）

「玄昉僧正の実像・伝承とその肖像」『仏教文学』43，2018 年

「飛鳥仏教と南山城」京都学研究会編『京都を学ぶ【南山城編】』ナカニシヤ出版，
　2019 年

芝 康 次 郎
1981 年　愛媛県生まれ

2008 年　熊本大学大学院社会文化科学研究科博士後期課程修了　博士（文学）

現在　文化庁文化財第二課文化財調査官

主要著書・論文

『九州における細石刃石器群の研究』六一書房，2011 年

『古代都城出土の植物種実』奈良文化財研究所，2015 年

「石の本遺跡群にみる行動的現代性―波長分散型蛍光 X 線分析にみる黒曜石産地推定
　研究―」『旧石器研究』18，2022 年（共著）

庄 田 慎 矢
1978 年　北海道生まれ

2001 年　東京大学文学部卒業

2007 年　忠南大学大学院（大韓民国）考古学科卒業（文学博士）

現在　奈良文化財研究所企画調整部国際遺跡研究室長

主要著書・論文

『アフロ・ユーラシアの考古植物学』クバプロ，2019 年（編著）

"Molecular and isotopic evidence for the processing of starchy plants in Early Neolithic pottery from China", *Scientific Reports*, 8(17044), 2018（共著）

"Seeking Prehistoric Fermented Food in Japan and Korea", *Current Anthropology*, 62(S24), 2021（共著）

神 野 恵

1973 年　大阪府生まれ

2000 年　京都大学大学院人間・環境学研究科博士課程中退

現在　奈良文化財研究所都城発掘調査部平城地区考古第二研究室長・奈良女子大学客員教授

主要論文

「平城京の発掘調査からみた天平 7 ～ 9 年の天然痘禍」『歴史学研究』1010，2021 年

「平城京近郊の須恵器生産」『奈文研論叢』2，2021 年

「都城の塩―政治的中枢と古代の塩・食文化―」阿部芳郎編『季刊考古学別冊 38　日本列島の人類史と製塩』雄山閣，2022 年

西 内 巧

1967 年　大阪府生まれ

1992 年　京都工芸繊維大学繊維学部卒業

1997 年　九州大学大学院理学研究科博士後期課程修了

現在　金沢大学疾患モデル総合研究センター研究基盤支援施設准教授

主要著書・論文

"Proteomic Profiling of Plant and Pathogen interaction in Leaf Epidermis", *International Journal of Molecular Sciences*, 23(20), 2022（共著）

"Reconstruction of the eating habits of the Japonesians by proteomics", *Impact*, 3, 2021

"The Arabidopsis MAPKKK δ-1 is required for full immunity against bacterial and fungal infection", *J Exp Bot*, 71, 2020（共著）

村　上　夏　希
むら　かみ　なつ　き

1987 年　福島県生まれ

2013 年　東京学芸大学大学院総合教育開発専攻修士課程修了

2017 年　東京藝術大学大学院美術研究科博士課程修了

現在　奈良文化財研究所企画調整部国際遺跡研究室アソシエイトフェロー

主要論文

「酢醸造壺の白色付着物に関する科学的検討」『奈良文化財研究所紀要 2021』2021 年
　（共著）

"Lipid residues in ancient pastoralist pottery from Kazakhstan reveal regional differ-
　ences in cooking practices", *Frontiers in Ecology and Evolution*, 10, 2022（共著）

「須恵器の残存脂質分析に向けて―胎土の性状から見た検討―」『奈文研論叢』3,
　2022 年（共著）

森　川　　実
もり　かわ　みのる

1974 年　三重県生まれ

1997 年　奈良大学文学部卒業

2004 年　同志社大学大学院文学研究科博士課程後期課程単位取得退学

現在　奈良文化財研究所都城発掘調査部飛鳥・藤原地区考古第二研究室長

主要論文

「奈良時代の坩・坏・盤」『正倉院文書研究』16, 2019 年

「古代の陶臼」『古代文化』71-3, 2019 年

「麦垸と索餅―土器からみた古代の麺食考―」『奈文研論叢』1, 2020 年

山　崎　　健
やま　ざき　たけし

1975 年　群馬県生まれ

2000 年　東北大学文学部卒業

2008 年　名古屋大学大学院生命農学研究科博士課程（後期課程）単位取得退学

現在　奈良文化財研究所埋蔵文化財センター環境考古学研究室長　博士（農学）

主要著書・論文

『藤原宮跡出土馬の研究』奈良文化財研究所報告 17，2016 年（共著）

『農耕開始期の動物考古学』六一書房，2019 年

『骨ものがたり―環境考古学研究室のお仕事―』飛鳥資料館図録 71，2019 年（共著）

◇協力者◇

遠藤まりな・小林ひなた・佐々木玲衣（東京医療保健大学 2020 年度卒）・岩澤彩加・
　宮久保舞・山田茉由（同 2022 年度卒）

古代寺院の食を再現する
西大寺では何を食べていたのか

2023 年（令和 5）4 月 10 日　第 1 刷発行

編者　三舟隆之
　　　馬場　基

発行者　吉川道郎

発行所　株式会社　吉川弘文館
〒113-0033　東京都文京区本郷 7 丁目 2 番 8 号
電話　03-3813-9151〈代〉
振替口座　00100-5-244
http://www.yoshikawa-k.co.jp/

印刷＝株式会社 精興社
製本＝誠製本株式会社
装幀＝清水良洋・高橋奈々・宮崎萌美